Hanne Baar

Quälgeist Eifersucht

Die Geschichte einer Heilung

Mit einem Nachwort
von Karl Herbert Mandel

Hymnus-Verlag

Die Deutsche Bibliothek - CIP - Einheitsaufnahme
Baar, Hanne: Quälgeist Eifersucht
Die Geschichte einer Heilung
Mit einem Nachw. von Karl Herbert Mandel
[Grafiken im Text: Jana Herzberg]
5. Aufl. - Rottendorf: Hymnus-Verl., 2002
ISBN 3-9803801-1-4

Hymnus-Verlag
Kardinal-Döpfner-Platz 7
97070 Würzburg
Tel. u. Fax: 0931 4 60 62 59

5. Auflage 2002
© Hymnus-Verlag, 97228 Rottendorf
Grafiken im Text: Jana Herzberg, Berlin
Umschlaggestaltung: Sven Herzberg, Berlin
Druck: Schönbach-Druck GmbH, Erzhausen
ISBN 3-9803801-1-4

Inhalt

Er reißt auch dich
aus dem Rachen der Angst
in einen weiten Raum,
wo keine Bedrängnis mehr ist.
Hiob 36, 16

Einleitung

Ein kleines Mädchen, nach fünf Ehejahren von seinen Eltern als erstes Kind heiß erwartet und innig geliebt, entsprechend verwöhnt, niedlich gekleidet, genießt die heile Welt, deren Mittelpunkt es ist. Geschmeichelt hört es der Eitelkeit zu, die flüstert: „Siehst du, wie glücklich man über dich ist? Hörst du, wie man dich beklatscht? Du bist großartig, wirklich etwas Besonderes!"

Aber dann gibt es andere Zeiten. Die Eltern gehen abends aus, nicht weit, nur zu Nachbarn. Das Kind, wenn es alleingelassen wird, schläft nicht, sondern schreit. Aber niemand kommt, außer der Panik, die flüstert: „Siehst du, du bist ein Dreck! Du kannst schreien, soviel du willst. Es hört dich keiner. Du bist nur ein Dreck, den man nicht beachtet!"

Der Schmerz über den vermeintlichen Verrat, die Todesangst beim Absturz, sie werden für lange Zeit das, was das Kind am meisten fürchten wird: „Nein, nicht noch einmal Dreck werden!" – Spätere Ereignisse, besonders die Geburt von Zwillingsschwestern und deren plötzliche Wichtigkeit in der Familie, schlagen in dieselbe Kerbe und vertiefen sie. Auf dem Boden dieser Kerbe, dieser Wunde, entwickelt sich ein bestimmter Charakter. Bestimmte Einstellungen und Haltungen werden zur zweiten Natur. – Jahrzehntelang sind diese frühen Erlebnisse der unbewußte innere Kompaß für die weitere Entwicklung, sie liefern die automatisch wirksame Motivation, Bestimmtes zu meiden und anderes aufzusuchen.

Das Verwunderliche ist, daß die ganze Panik und Bedrängnis, die in der Kindheit der Grund dafür waren, daß wir eine bestimmte Schwelle nicht nahmen und in einer bestimmten Hinsicht kindisch blieben, in der Krise wieder aktuell werden. Plötzlich dieselbe Angst, dieselbe Drohung, dieselbe Not, die gleichen Reaktionen.

Als Christen haben wir unseren Erlöser gefunden. Er stand vor der Tür und klopfte an. Denen, die ihn aufnahmen, gab er Macht, Gottes Kinder zu sein. Wir feierten das Fest der Heimkehr des verlorenen Sohnes, feierten und tragen neue Kleider und einen Siegelring mit der Vollmacht seines Namens. Es kann lange Feststimmung sein, wochen- oder jahrelang. Aber dann kann doch unter bestimmten Umständen wieder Not in unser Leben kommen, Drohung, Krise. Die Frage stellt sich: „Gilt meine Lebensübergabe an Gott auch in der Not, in der Krise?" Das wird sich jetzt zeigen. – „Ja, Herr, wer glaubt, flieht nicht, diesmal gehe ich durch und nehme die Schwelle an deiner Hand."

Ich stolpere hindurch durch die Krisen- und Prüfungssituationen, gehe kurzzeitig baden in den negativen Strömungen, lerne von der Gnade der Vergebung zu leben und zu glauben, „daß Gott in mir schafft, was vor ihm wohlgefällig ist", er, nicht ich. Und erlebe, wie der Spuk weicht, wie die Lüge sich entlarvt und der Wahrheit Raum macht: Ich bin gar kein Dreck, auch nicht, wenn ich ausgeschlossen oder alleingelassen werde.

Im Aushalten und Durchbuchstabieren der wirklichen oder vermeintlichen Ablehnung und Abwertung gewinne ich das Land zurück, das ich an die Angst verloren hatte. Ich werde nicht getötet, vor allem dann nicht, wenn ich zu sterben bereit bin. Ich darf leben in Fülle.

Von den vielen ähnlichen Fällen, die ich sah, will ich den Fall schildern, den ich am genauesten kenne: meinen eigenen. Mir ist, als sei ich durch ein dunkles, unwegsames Gebiet durchgekommen und legte nun mit meinem Bericht von diesem unwegsamen, tückischen Gelände – so gut ich kann – eine Skizze des Weges an, der herausführte. Und ich weiß, eine solche Skizze ist nicht nur bei Eifersucht hilfreich, derartige Sumpfgebiete sind immer ähnlich.

Der Bericht ist authentisch. Den Personen, die ich zitiert habe, danke ich für die Erlaubnis, besonders meinem Mann.

Ein stechender Schmerz

An einem warmen Sommertag, gleich morgens, noch barfuß und nüchtern, traf mich spitz ein Schmerz in der Herzgegend. Zusammen mit meinem Mann im Bad, erwartete ich von ihm eine Reaktion. Er nickte mir im Spiegel freundlich zu und sagte: „Ist gut." Er sagte „ist gut" und nicht „schade". Das war es, was mir diesen Stich versetzte.

Solch ein schmerzhafter Stich war inzwischen mit Bagatellen auszulösen. Diesmal ging es darum, daß ich mit unserem kürzlich geborenen Daniel zum Kinderarzt wollte und wir deshalb mittags nicht miteinander essen konnten. Bodos bereitwilliges „ist gut" ohne die Spur eines Bedauerns hieß für mich: „Ich bin sowieso lieber bei meinen Kolleginnen in der Dienststelle."

In den Monaten zuvor, Bodo war vorübergehend arbeitslos gewesen, hatten wir viel Zeit miteinander verbracht, unbeschwerte Stunden voller Wärme und Nähe. Als er dann zu seiner Freude den Auftrag bekam, zusammen mit einer Psychologin und einer Schreibkraft eine Erziehungsberatungsstelle aufzubauen, hatte ich mich gefreut und mir eifersüchtige Gedanken, die sich ebenfalls einstellten, nicht erlaubt. Das wollte ich nicht, eifersüchtig reagieren!

Inzwischen ließen sich jedoch in meinen Bemerkungen und im Klang meiner Stimme Unruhe und Vorwurf immer weniger unterdrükken. Angesichts Bodos Eifer gegenüber seiner Aufgabe und den neuen Kolleginnen war ich stimmungsmäßig in ein Loch gefallen, von dem ich nicht gedacht hätte, daß es in mir existierte.

Angstvoll beobachtete ich Bodos Verhalten. Warum dehnte er seine Arbeitszeit so aus? Warum verbrachte er seine Mittagspause so gern in der Dienststelle? Warum machte er sich kaum noch Gedanken darüber, was wir beide miteinander unternehmen konnten? Warum interessierten ihn meine Gedanken zu diesem Thema so wenig?

War i c h ihm nicht mehr wichtig?

Einerseits schämte ich mich, daß mir das Verhalten meines Mannes so zusetzte, daß ich nicht stärker und eigenständiger ragierte. Andererseits geriet ich immer mehr in Aufregung und Empörung.

Auch an diesem Morgen kam es noch zu einem Streit. Ohne mir dessen ganz bewußt zu sein, testete ich Bodo – nicht ohne Herzklopfen – noch einmal: „Es tut mir leid. Ich konnte den Arzttermin nicht anders legen." Er reagierte wieder: „Ist okay. Ich bin nicht böse."

– „Das dachte ich mir", platzte es jetzt aus mir heraus. Verletzt drehte ich mich um und ließ

Bodo verblüfft und nun seinerseits verärgert stehen. Feindseligkeit stand kalt und hart im Raum. Unser Friede war fürs erste dahin. Mit einem inneren Rumoren nahm ich mittags meinen Arzttermin wahr. Dann rief ich Regine an.

Vor meiner Heirat hatte ich mit Regine zusammen gewohnt, gearbeitet und einen Gebetskreis aufgebaut. Aus dieser Zeit waren wir an Offenheit gewöhnt. Wir verabredeten uns zu einer Spazierrunde in einem nahen Buchenwald, wo wir schon des öfteren Probleme erörtert und in bestimmten Anliegen miteinander gebetet hatten.

„Ich weiß, Regine", bemühte ich mich, vernünftig zu sein, „daß ich meinen Mann nicht besitze, daß ich lernen muß, ihn freizulassen. Mir ist klar, daß ich seine Liebe nicht ertrotzen kann." (Der Grundimpuls der Eifersucht: „Liebe mich, sonst kannst du was erleben", war in seiner Dummheit ja nicht zu überbieten.)

Einem umgeknickten Baum ausweichend vergewisserte ich mich, daß Regine auch zuhörte. Ich kam jetzt in Aufregung. „Theoretisch ist das alles klar. Aber ich bekomme meine Gefühle nicht unter Kontrolle. Ich weiß nicht, wohin damit. Äußere ich sie, dann ist der Streit da. Behalte ich sie für mich, liegt die Spannung unerträglich in der Luft. Wirklich, Regine, die Sache schafft mich. Vor allem wird das Ganze nicht besser, sondern schlimmer."

Mir fiel eine kürzlich erlebte Geschichte von Eifersuchtswahn ein. Ein Mann war zu mir gekommen und wollte psychologischen Rat. Seine Frau ließ ihn täglich bestimmte Treueversprechen aufsagen. Er durfte nicht fernsehen, weil er auch auf dem Bildschirm keine anderen Frauen ansehen sollte. Daß er zu mir zur Beratung kam, sollte die Frau ebenfalls nicht wissen. So konnte ich in der Sache nicht viel tun. Aber ich sah, wie offenbar alles Denken und Erleben wider alle Vernunft und alles bessere Wissen übeschwemmt und in Besitz genommen werden können von Eifersucht. – Jetzt kämpfte ich selbst damit.

Regine hatte aufmerksam zugehört. Es entstand eine Pause. Wir schauten auf das friedlich schlafende Baby, das ich umgebunden mit mir trug, und ich begann mich zu entspannen.

Regine fiel jetzt eine Lösung ein, die einfach und durchführbar klang. Sie hatte sie in einer Predigt gehört: „Du bist den quälenden Gedanken und Vorstellungen ausgeliefert, wenn du sie in dich einläßt. Es ist, als ob ein Flugzeug landen möchte und du gibst die Landeerlaubnis, läßt alle Passagiere aussteigen und wunderst dich dann, wenn sie dich bevölkern. Es gibt einen kurzen Augenblick, den darfst du nicht versäumen. Wenn du spürst, daß dich etwas eifersüchtig machen will, darfst du die Landeerlaubnis nicht geben."

Das klang gut. Ich überlegte kurz, ob es in meine Theorien paßte. Vom Glauben her wußte ich, daß ich das Angebot der Eifersucht abweisen konnte, und auch von der Psychologie her war mir klar, daß ich mich von negativen Gedanken und Vorstellungen nicht in Besitz nehmen lassen mußte. Zumindest theoretisch war es das. – „Gut," dachte ich „es bleibt mir nichts anderes übrig, ich will das lernen."

An diesem Abend war ich entspannt. In dem vertrauten Wechsel von Nebeneinander und Miteinander mit meinem Mann und in dem Frieden, den wir dabei hatten, konnte ich mich kaum erinnern, was mich morgens so aufgebracht hatte. Es kam mir in der Tat wie ein Spuk vor, den ich nicht an uns heranlassen durfte.

Unverdaute Kleinigkeiten

Wir hatten dreizehn erholsame Tage, verwöhnten das Baby, tüftelten daran, die Wohnung praktischer einzurichten und waren beide von Herzen entschlossen, auf Streit zu verzichten. Negative Vorstellungen und Gefühle, wenn sie auftauchen wollten, wies ich Regines Rat entsprechend von mir.

Bei diesem Verfahren konnte offenbar aber doch Unmut einsickern, Unmut über Kleinigkeiten: Wenn Bodo schwieg, wo ich mir Interesse und Anteilnahme gewünscht hätte, wenn er von einer Veranstaltung später nach Hause kam, als zu erwarten war. Einmal, bei einem Anruf in seiner Dienststelle, hatte seine Stimme fremd geklungen, so, als fühlte er sich von mir gestört. Ein anderes Mal kam er scherzend und lachend mit seiner Kollegin vom Markt. Beide hatten eingekauft, und ich sollte mich freuen über Obst, Gemüse und eine Puppe, die erstanden worden war, während in mir der eifersüchtige Wunsch rumorte, daß Bodo solche Einkäufe mit mir machen sollte. – Unverdaute Kleinigkeiten, mißtrauisch interpretiert, nagten beharrlich an meinem inneren Frieden.

Nach etwa zwei Wochen, keiner ahnte Böses, wollte ich abends irgendetwas zur Sprache bringen. Bodo, in eigene Gedanken versunken, antwortete nicht, jedenfalls nicht sofort. Irgendein Maß war plötzlich voll. Ich wurde böse, so böse, daß mich meine guten Vorsätze nicht mehr interessierten, so böse, daß es auch Bodo aufweckte und aufbrachte. Eine feindselige Entladung von beiden Seiten war die Folge. – Im Anschluß daran dauerte es etwa drei Tage, bis wir uns wieder ungezwungen begegnen und in die Augen schauen konnten. Eine Aufhetzstimme in mir wies mir, anschaulich durch Bilder belegt, ohne Unterlaß nach, wie sehr ich Recht damit hatte, beleidigt zu sein, und daß ich Bodos Verhalten nicht hinnehmen durfte. Bodo seinerseits hielt meine Vorwürfe nicht aus. Er vermißte Vertrauen und weigerte sich, mich in meinen Gefühlen zu verstehen. Sicher wurde es ihm auch einfach zu eng.

Welches Dilemma! Ich hatte das Gegenteil von dem, was ich wollte, was mir so überaus wichtig war: Frieden mit meinem Mann und die Erfahrung seiner Nähe. Auch böse wollte ich nicht werden oder, wie ich es nach einem Bibelvers ausdrückte, „nicht dem Bösen in mir Raum geben". Was da aber immer wieder brodelte, giftig und zerstörerisch, war das Böse. Darüber gab es keinen Zweifel.

In der Nacht nach dem Streit saß ich schlaflos und leicht frierend in unserer kleinen Küche. Während Milch auf dem Herd heiß wurde, sammelte ich mich vor Gott mit der dringlichen Frage: „Herr, was ist los? Was mache ich falsch?" – In der Bereitschaft, mir den rechten Weg und die eigene Schuld zeigen zu lassen, konnte ich jetzt wieder die feine, leicht zu überhörende Stimme verstehen, mit der Gott mir nah ist: „Laß dich verletzen! Laß es zu! Wehre dich nicht!"

Es fiel mir nicht schwer, zu glauben. In einem Entscheidungsschritt hatte ich einige Jahre zuvor als Antwort auf eine gnadenhafte

Berührung mein Leben Gott übergeben. Das hieß für mich, mit seiner Hilfe seinen Willen zu tun, so gut ich es verstand. Seither erlebte ich, daß Gott mir die verschiedenen Bereiche seines Willens und seiner Wahrheit immer mehr auftat. Ich verließ mich auf die biblischen Verheißungen und erlebte staunend, wie sie sich in meinem Leben zu erfüllen begannen: Gebetserhörungen, deutliche Führungen, die spürbare Nähe und Hilfe Gottes in meinem Alltag.

Obwohl ich die Bibel ernstnahm, wollte ich aber nicht die linke Wange hinhalten, wenn mich einer auf die rechte schlug. Das widersprach so ziemlich allem, was ich in meinem bisherigen Leben gelernt und praktiziert hatte. Rücksichtslosigkeiten wollte ich mir nicht bieten lassen. – Den Kopf in die Hände gestützt, spürte ich in mir Kampf. Bibelworte kamen mir in den Sinn: Vergilt nicht Böses mit Bösem! Überwinde das Böse mit Gutem! Suche den Frieden, und jage ihm nach!

Zu einer Entscheidung, verletzendes Verhalten von Bodo schweigend hinzunehmen, konnte ich mich in dieser Nacht nicht mehr durchringen. Aber in mir arbeitete es. Daß mich Gottes Wege, wenn ich nach ihnen fragte und sie ging, so gut ich es verstand, aus der Not herausführen würden, das konnte ich glauben.

Einige Tage später, draußen war es regnerisch und kalt und noch nicht ganz hell, wachte ich auf mit der ganz ausdrücklichen Frage im Herzen: „Soll ich schweigen, wenn Bodo mich verletzt? Ist das so gemeint?" Gottes Antwort in dieser morgendlichen Stunde war noch dieselbe: „Schweige!" – „Viel kann nicht verloren sein, wenn ich schweige", mußte ich zugeben.

Meine Psychologen-Ethik, „Problematisches möglichst nicht verdrängen, sich lieber redlich damit auseinandersetzen", „Phantasien durch Nachfragen überprüfen", vielleicht auch ein unreflektierter Umgang mit solchen oder ähnlichen Formeln hatte bisher dafür gesorgt, daß kein Streit vermieden wurde. Solch ein Streit lief immer nach demselben Muster ab, so eintönig und zwangsläufig wie alles, was vom Bösen ist.

Irgendetwas in mir hatte ein Interesse daran, Kleinigkeiten aufzubauschen, Verrat zu unterstellen, vielleicht in der Absicht, daß Bodo widersprechen, seine Treue beteuern und mich beruhigen sollte.

Bodo fühlte sich aber nur angegriffen. Er wies mich mehr oder weniger barsch ab, so daß meine Not, ihm nicht wichtig zu sein, sich steigerte, je länger wir debattierten.

Jeder Streit drohte zu eskalieren bis hin zu kalten Haß- und Trennungsgedanken auf beiden Seiten. Worum es eigentlich ging, kam

Was ist denn
von mir noch übrig?

nicht zur Sprache. Die Verständigung war gleich Null oder noch schlechter, schon im Minus. Alles war in solchen Augenblicken in Feindseligkeit verkehrt.

An diesem frühen, kühlen Morgen war eine Entscheidung fällig. Gott hatte auf mein Fragen geantwortet, durch seine Gebote und durch die Umstände gesprochen und damit ernsthaft an meiner Selbstbehauptungs-Ideologie gerüttelt. – Ja, ich wollte auf ihn hören und schweigen, wenn ich mich herausgefordert fühlte. – Ich war gespannt. Vor mir lag Neuland.

Die Sache sitzt tiefer

In den nächsten Wochen machte ich meine Erfahrungen mit Schweigen. Was mich aufbringen wollte, ließ ich auf sich beruhen, ohne mich in der gewohnten Weise dazu zu äußern oder mißtrauisch nachzufragen. Solange das gelang, war unser Familienklima gut. Wir erholten uns. Vor allem Bodo bekam bessere Laune und erzählte wieder mehr. Als wir in dieser Zeit einmal lachend und schwätzend einen Schaufensterbummel machten, sprach uns ein Nachbar auf der Straße an: „Man sieht es selten, daß sich zwei so gut verstehen."

Ich war aber nicht zufrieden. Das Schweigen kostete Kraft. Immer wieder hatte ich ungute Vorstellungen. In meiner Phantasie peinigten mich weiterhin bedrohliche Bilder, in denen ich Bodo in intimer, vertrauter Gemeinschaft mit anderen sah und mich selbst wie abgeschnitten von ihm, bedeutungslos und wertlos beiseitegeschoben. Wenn auch solche Phantasien zu einem Großteil sicher Unsinn waren, der begleitende Schmerz und die daraus entstehende Wut und Verzweiflung waren real. Ich konnte mich nicht selbst aus dem Kreisen um solche Vorstellungen und dem Druck, den sie mir machten, befreien. Ich verhärtete mich, merkte, wie meine Körperhaltung steif wurde und abweisend.

Das Schweigen, wenn ich es durchhielt, bekam leicht eine beleidigte Note und war dann auf seine Weise doch beredt. Oft gelang es auch gar nicht. Eins wurde immer deutlicher: Die Sache saß tiefer, und der Schlüssel zur Lösung des Problems schien immer noch zu fehlen. – Ich fragte Regine: „Und was, wenn das Flugzeug ohne mich zu fragen längst gelandet ist und alle Passagiere bereits meine Hirnwindungen bevölkern?" – Es mußte doch eine Erklärung dafür geben, daß in mir so die Hölle los war! Hatte ich mich nicht für ein Leben nach Gottes Willen entschieden? Wieso hatte ich jetzt solche Probleme?

Regine schaute mich nur freundlich an und zuckte die Achseln.

Die Wintermonate kamen. Daniel war inzwischen ein halbes Jahr alt, und ich ging mit verringerter Stundenzahl in meinen alten Beruf zurück.

Neben Beruf, Haushalt und Baby hielt mich unser Gebetskreis in Atem. Er war eine Frucht der weltweiten „charismatischen" Erneuerungs-Bewegung. Diese Bewegung war gegen Ende der sechziger Jahre ausgehend von den USA nach Deutschland gekommen. Begonnen hatte alles damit, daß drogenabhängige Jugendlichen (Hippies) durch Gebet frei geworden waren. Mit einem nicht kleinzukriegenden Enthusiasmus, was den Glauben an Gottes uneingeschränkte Möglichkeiten betraf, mit Straßenevangelisation, neuen Liedern und kraftvollem, ungeniertem Beten hatte sich eine ansteckende Freude breitgemacht, die auch auf mich übergegriffen hatte. „Das neue Leben in Jesus" war der Gegenstand dieser Freude.

Aber – und das erfuhr nicht nur ich – das alte Leben „im Fleisch", die tieferen Charkterschichten, alles Ungeheilte und Unerledigte aus der Kindheit, waren nicht tot, sondern hatten die Tendenz, wieder aufzuerstehen. Zwar war mit der Bekehrung, die allgemein sehr ernsthaft vollzogen wurde und in einer Lebensübergabe an Gott bestand, alles in Gottes Hände gefallen, aber offenbar nicht über unsere bewußte Zustimmung hinweg automatisch geheilt worden.

Im Fragen nach meinem Weg brachte mich jetzt ein Berliner Arzt, der mit einer frohen, biblischen Verkündigung auf den großen Konferenzen lehrte, auf das Thema Stolz. Unter dem Gesamtthema „Gottesfurcht" wies er hin auf drei, meist tief eingefleischte Grundsünden: Unversöhnlichkeit, Stolz und Rebellion.

Ich wußte von Kindheit an, was „beichten" heißt und vollzog die fälligen Umkehrschritte. Besonders vom Stolz wollte ich mich trennen.

Ja, war nicht das Thema Stolz für mich schon seit längerem immer wieder einmal aktuell geworden? Manchmal, wenn ich in der Stille zu mir kam, erlebte ich mich selbst, als ob mich etwas in mir auf eine harte, angespannte Weise groß machte, etwas, was mir zwar Halt gab, aber sehr ungemütlich wie ein Fremdkörper in meinem weichen, sensiblen Leben steckte. Das mußte der Ausdruck meines Stolzes sein, der angespannten Sorge um meine eigene Wichtigkeit, die mir in Fleisch und Blut war und mich auf eine unruhige Weise in Betrieb hielt. Während meiner Gebetszeiten wurde ich gelegentlich davon frei. Die Sehnsucht nach Dauerbefreiung wuchs.

Keine
Frechheiten
mehr!

Ab jetzt wird
zurückgeschossen!

Eifersucht –
eine giftige Blüte meines Stolzes?

Regine und ich hatten schon des öfteren über Stolz und die Verletzbarkeit im Stolz gesprochen. Wir konnten uns vom Stolz befreite Menschen gut vorstellen: entspannt, freude- und liebesfähig, schöpferisch, erfüllt mit Heiligem Geist, der in den Demütigen Raum hat. Begegnete ich jemandem, der diesem Zustand nahe zu sein schien, kamen mir leicht die Tränen. So einmal während eines Frühstückstreffens in einem Essener Hotel. An einem Samstagvormittag hatten Bodo und ich uns dort eingefunden. Ein bekannter Redner sollte sprechen. Die Veranstaltung war gut besucht, fast überfüllt.

Nach dem gemeinsamen Frühstück, noch vor dem Hauptredner, kam ein älterer Mann ans Mikrophon. Mit Kohlenpott-Akzent und einem Lachen in der Stimme begann er einen kurzen Bericht mit den Worten: „Ein Zeugnis wird gewünscht. Preis dem Herrn! Wir sind frei und können frei sprechen. Wir brauchen nicht zu zittern und zu überlegen, was der eine denkt und der andere sagt. Wir sind nicht beleidigt und nicht mehr zu beleidigen. Wir haben keine Ehre mehr. Alle Ehre gehört dem Herrn."

Die entspannte Heiterkeit dieses Mannes war überzeugend.

Auf dem Heimweg im Auto kam mir der Gedanke, daß die Eifersucht eine giftige Blüte meines Stolzes war. Ein bestimmtes Verhalten Bodos brachte mich immer wieder dazu, auszurasten. Wer das im einzelnen mitbekam, mußte nach meinem Stolz nicht lange suchen.

Aber war das der Kern? Einen Zusammenhang zwischen Eifersucht und Stolz spürte ich, bekam aber den genauen Punkt nicht zu fassen. Im Wirrwarr meiner Impulse und Stimmungen entglitt er mir immer wieder.

Anfangs, als Eifersucht zuerst spürbar geworden war, hatte ich mein Sinnen und Trachten darauf gerichtet, daß Bodo sich ändern sollte. Diese Einstellung hatte ich aufgegeben. Ich konnte Bodo nicht ändern. Es blieb mir nichts anderes übrig, als die Verantwortung für sein Verhalten ihm selbst und Gott zu überlassen. Aber in *mir* mußte etwas geschehen. Das wurde immer klarer.

Tüftelnd über meinem Tagebuch entstanden Formeln und Rezepte in dieser Zeit, die ich in kritischen Situationen lesen und anwenden wollte. Viel Kluges und Richtiges war dabei, aber nichts, was eine innere Wende gebracht oder mir im entscheidenden Moment geholfen hätte. In den Augenblicken innerer Turbulenz war ich kaum in der Lage, einen klaren Gedanken zu fassen, geschweige denn, mich an komplizierte Erkenntnisse zu erinnern und sie anzuwenden. So bat ich Gott um eine einfache Anweisung, sozusagen eine Faustregel für den Krisenfall. Denn ich bekam jetzt schon einen schmerzhaften Stich, wenn Bodo nur eine Katze streichelte, wenn er meiner Mutter zur Begrüßung auf die Wange küßte, wenn ich nur schon das Ortsschild der kleinen Stadt las, in der er arbeitete, wenn ein attraktives junges Mädchen vor uns herspazierte, sogar beim Gedanken daran, unser nächstes Kind könnte eine Tochter sein.

Solchen Spuk aus meinem Denken abzuweisen, kostete, wenn es überhaupt gelang, viel Kraft und Zeit. Meine Frage an Gott lautete daher nach wie vor: „Was kann *ich* tun?"

Die Zeit war reif, eine notwendige und längst fällige Lektion zu lernen, ja, nach ihr zu verlangen.

Verzicht auf den Ehrenplatz

An einem stillen Sonntagnachmittag, Daniel schlief, Bodo las, im Herd wurde Käsekuchen gar und duftete durch alle Zimmer, stieß ich im Lukasevangelium auf die Geschichte von den Rangplätzen. Diese Bibelstelle sprach entscheidend in meine Situation hinein, und sie war es, die schließlich die Wende bewirkte:

„Als er (Jesus) bemerkte, wie sich die Gäste die Ehrenplätze aussuchten, nahm er das zum Anlaß, ihnen eine Lehre zu erteilen. Er sagte zu ihnen: Wenn du zu einer Hochzeit geladen bist, suche dir nicht den Ehrenplatz aus, denn es könnte ein anderer eingeladen sein, der vornehmer ist als du, und dann würde der Gastgeber, der dich und ihn geladen hat, kommen und zu dir sagen: Mach diesem hier Platz! Du aber wärst beschämt und müßtest den untersten Platz einnehmen. Wenn du also eingeladen bist, setz dich lieber, wenn du hinkommst, auf den untersten Platz; dann wird der Gastgeber zu dir kommen und sagen: Mein Freund, rück weiter hinauf! Das wird für dich eine Ehre sein vor allen anderen Gästen. Denn wer sich selbst erhöht, wird erniedrigt, und wer sich selbst erniedrigt, wird erhöht werden" (Lukas 14,7-11).

Während des Lesens stand Jesus mit diesem Gleichnis auch mir vor Augen, und er fragte freundlich und voller Güte mich selber: „Warum quälst du dich so um den ersten Platz? Laß dich herabsetzen, laß dich demütigen!"

Stimmt, leuchtete es mir augenblicklich ein, so hing die Sache zusammen. War meine Eifersucht nicht ihrem Wesen nach die mit Wut verbundene Angst davor, daß Bodo mir nicht den ersten Platz neben sich ließ? Niemand sollte für ihn wichtiger sein als ich.

Mir dies offen einzugestehen, tat wohl. Das Kindische lag auf der Hand.

Ich verstand, daß ich jetzt eine Entscheidung gegen den Stolz treffen konnte in dem Sinne, mich in Zukunft gegen diese Herabsetzung nicht mehr automatisch zu wehren. „Ja", dachte ich, „das müßte aller Eifersucht ein Ende machen." Das ganze Theater der letzten Monate bestand ja nur darin, drohenden Herabsetzungen mit Hilfe eifersüchtiger Reaktionen zuvorzukommen.

Den Blick auf dem Bibeltext nickte ich zustimmend. Gott ging wirklich neue Wege mit mir. Noch nie in meinem Leben hatte ich eine Herabsetzung bewußt hingenommen. Auch war mir nicht eingefallen, daß dies richtig sein könnte. Im Gegenteil! Wie von einer stramm gespannten Feder getrieben, war ich schon auf geringfügige Demütigungen hin empört hochgeschnellt, ganz sicher in der Annahme, ich sei mir das schuldig.

Meine Eifersuchtsleiden erschienen mir mit einem Mal nicht mehr sinnlos. Ich war zufrieden und nach langer Zeit zum ersten Mal ohne jede Angst, sah einen Weg und stellte mich innerlich auf Lernen ein. Im Lernen war ich geübt. Vor dem Lernen und Trainieren auch schwieriger Fertigkeiten hatte ich keine Angst. Die Lernaufgabe war klar umschrieben:

Herabsetzungen zulassen und das Schmerzgefühl zuerst einmal nur wahrnehmen.

Nach der quälenden Orientierungslosigkeit der vergangenen Monate machte es mich froh, diesen Weg zu sehen, ein Weg, der mir Sinn machte und der ein Ausweg zu sein versprach.

Ich blickte zu Bodo, sah ihn konzentriert in seine Lektüre vertieft und bekam zusammen mit einer Welle von Hoffnung ein Bild von unserer Familie als einem Ort, an dem Gottes Reich angebrochen ist, weil sein Wille geschieht. Unsere Partnerbeziehung sah ich frei und ungetrübt durch direkte oder unterschwellige Vorwürfe, ungetrübt auch durch Kompromisse an die Aufrichtigkeit um des lieben Friedens willen. Ich hatte die Vorstellung, daß sich unsere Blicke frei treffen, daß jede Berührung guttut, die Suppe schmeckt, das Lachen aus dem Herzen kommt, daß Unterschiede und unerfüllte Wünsche ertragen werden, aber nicht bitter und von Vorwurf vergiftet, allenfalls mit Trauer, wo sich alle Trauer aber schnell wieder in Freude kehrt.

Von solchen Gedanken erfüllt, kamen mir jetzt auch die verwickelten familiären Konflikte in den Sinn, mit denen ich beruflich zu tun hatte, die beiden immer gegenwärtigen Elemente feindseliger Auseinandersetzung: der *Schmerz* einerseits (wie häufig war es der Schmerz, die Not der Herabsetzung, der Demütigung) und andererseits *die Handreichung des Bösen* in dieser Not, die scheinbare Hilfe, die uns, wenn wir sie Fuß fassen lassen, das Leben vollends zur Hölle macht.

Nein, was mich betraf, ich mußte da nicht mehr mitspielen! Die Vokabel „Handreichung des Geistes", die ich aus dem Philipperbrief kannte (Phil 1.19), wies die Alternative: In der Not, in der die Handreichung des Bösen augenblicklich und griffbereit mit dem Angebot zur Sünde da ist, war, das wußte ich schon, leise und unaufdringlich die Handreichung des Geistes Jesu Christi und damit wirkliche Hilfe genauso da, wenn ich danach fragte.

In einem kurzen Gebet sagte ich mich im Namen Jesu von Eifersucht los.

Schmerz ohne Bosheit

Jetzt besaß ich das von Gott erbetene Krisenrezept, kurz und klar genug, um es mir einzuprägen: „Der Schmerz spüren, nicht abwehren, Demütigungen aushalten und, wenn es geht, vergeben." Indem ich es anzuwenden versuchte, offenbarte sich mein Stolz. J e t z t wurde er spürbar: eine störrische Hürde in sämtlichen Gliedern.

Aber die Hürde war nicht unüberwindlich, Gott sei Dank. Die Geschichte ging ihrem Ende entgegen. Die Entscheidung, mich gegen diesen bestimmten Schmerz der Herabsetzung nicht mehr zu wehren, brachte wirklich die Wende zur Heilung – weit über das Eifersuchtsproblem hinaus.

Ich gewöhnte mir an, im Falle von Eifersucht, die ich jetzt klar als Kränkung im Stolz einordnen konnte, darauf zu achten, die spontanen Reaktionen zu stoppen und statt dessen die Verletzung meiner Gefühle bewußt und aufmerksam wahrzunehmen (nicht ohne Neugier, ob der qualvolle Stich wirklich so unerträglich war, wie die Angst mir weißmachen wollte).

Immer wieder sagte ich mir: „Solange Demütigungen schmerzen, solange ich noch kränkbar bin, ist noch Stolz da. Die Stärke des Schmerzes ist sein Gradmesser." Auf die Weise wurde ich immer entschlossener, den Eifersuchtsschmerz zu nutzen und ihn sein Werk in mir tun zu lassen. Indem ich meinem in der Hinsicht wundesten Punkt aufspürte, den Schmerz zuließ und aushielt, schmolz im Feuer dieses Schmerzes der Stolz. Die Kränkbarkeit wurde jedes Mal etwas geringer, so daß sich von Mal zu Mal auch der Schmerz verringerte. – Auf diese Weise der Angst und dem Stolz Land abzugewinnen, hieß zu gesunden.

Gelegenheit zum Üben gab es viele. Eine will ich etwas ausführlicher schildern.

Bodo kam verspätet zum Essen. Mit leichtem Herzklopfen, den Blick auf die Uhr, war ich fest entschlossen, jede Art eifersüchtiger Reaktion zurückzuhalten, aufsteigende Unruhe jetzt einfach nur auszuhalten, diese wohlbekannte innere Turbulenz, die so unangenehm war, einfach nur wahrzunehmen.

Was war daran eigentlich so unangenehm? Wo saß der Schmerz, den ich so fürchtete? Wie fühlte er sich an? Mit diesen Fragen stieß ich wieder auf die mir längst bekannte Aufhetzstimme. Ihr gemeines Lügengeflüster stichelte im wunden Punkt: „Siehst du, Bodo kommt nicht. Du bist ihm offensichtlich nicht wert, daß er sich beeilt. Er ist nicht gern bei dir. Du bist nicht anziehend. *Ihn* jedenfalls ziehst du nicht an, das siehst du doch!"

Ich widerstand dieser inneren Stimme und hatte ihr, meinen aufgewühlten Gefühlen nach, doch schon geglaubt. Als Bodo kam, war ich bereits vom Mißtrauen geschwächt. Fest entschlossen, mich zu beherrschen, hörte ich mich doch nörgeln. Zumindest in den Untertönen war die Eifersucht wieder am Werk.

Aber die Hilfe des Geistes Gottes war *auch* da. Seine Impulse brachen sich ebenso Bahn: „Willst du stolz sein oder demütig?" – Nach einem kurzen inneren Kampf ging ich auf Bodo zu und erklärte ihm: „Ich habe mich im Gebet von Eifersucht losgesagt und will dieses Nörgeln selber nicht mehr. Tut mir leid, daß es mir wieder herausgerutscht ist!" – Bodo erklärte nun, weshalb er so spät gekommen war. Es hatte eigentlich nichts mit einer Nichtachtung meiner Person zu tun.

Stolz zu überwinden, das gelang mal besser, mal schlechter. Vor allem anfangs war es schwer. Das Eifersuchtsfahrwasser riß mich einfach mit. Was ich konnte, war wenig. Aber wenn ich es tat, hatte es einen überraschend großen Effekt für den Rückgewinn von innerer Sicherheit und Eigenständigkeit. Durch die kleinsten Schritte in die erkannte Richtung gewann ich Boden unter die Füße zurück und erfuhr, daß sich zu demütigen nichts von Unterwürfigkeit an sich hatte, sondern eher von Souveränität, von Freiheit. Einfach weil man der Knechtschaft der Angst und ihrer merkwürdigen Reflexe entkommen war.

Bei Fehlschlägen rekonstruierte ich meist nachträglich, was eigentlich abgelaufen war. Ich hatte eine Demütigung gar nicht als solche erkannt und merkte erst an meinem gereizten Ton, daß ich bereits mitten in der Empörung war. Oder ich schaffte es, freundlich zu bleiben, spürte aber Körpersignale, mit denen fertig zu werden war: starke Unruhe in der Herzgegend, Schmerz in der unteren Wirbelsäule, kalte Hände und Füße. Mit der Einfühlung in die Körpersignale kam Traurigkeit hoch, Weinen lag nahe, Bilder aus der Kindheit tauchten auf. Ein bestimmter Schmerz wurde spürbar. Dieser Schmerz, wenn ich mich nicht gegen ihn wehrte, und ebenso diese Schwachheit, brachten mich zu mir selbst, ganz in meine Mitte. Es war Leben, dies Leiden, echtes Leben. Und Gott war darin nahe. Wenn ich es zusammen mit ihm bei mir selber aushielt, stärkte er mich.

Das angstvoll fordernde Anklammern an Bodo verlor sich. Langsam, nach vielen Rückfällen, gelang es schließlich, auf bestimmte Signale hin bei Vernunft zu bleiben, Bodo auch zu verstehen und – obgleich der Schmerz noch spürbar war – nicht mehr so verletzt und giftig zu reagieren.

Schmerz ohne Bosheit – damit ist schon viel gewonnen. Die harte Maske fällt. Der Panzer aus Beleidigtsein und Übelnehmen verliert sich. Man wird weich, liebenswert. Man wird in den Arm genommen. Der Schutz, den man sich nicht mehr selbst verschafft, kommt jetzt vom anderen, vom Partner, der einen doch liebt, der einem doch gern gibt, was man nicht mehr fordert. Schutz kommt auch von Gott selbst, der den Traurigen tröstet, nicht den Beleidigten. – Entgiftung! Gott sei Dank! Man kann sich selbst wieder leiden und die Liebe von anderen wieder glauben.

Etwa 20 bis 40 Eifersuchtsanlässe, vielleicht waren es auch noch 200 bis 400 (wenn ich die lediglich in meiner Phantasie ablaufenden mitrechne) brauchte ich noch zum Üben, bis ich auf dem „letzten Platz", auf dem mein Wert gesichert und gar nicht in Frage gestellt war, bis ich auf diesem mit Entspannung und Wohlbefinden gesegneten Platz heimisch wurde, so daß ich mühelos darauf aus- und eingehen konnte.

Das wiedergefundene und wieder verlorene Kleinkindparadies

Ich muß zugeben, daß meine Eifersuchtsgeschichte trotz aller Betroffenheit für mich etwas von der Spannung eines Krimis an sich hatte, in dem der Mörder zu finden ist, seine Spuren verfolgt und seine Arbeitsweisen studiert werden. Oft saß ich in meinem Gebets-, Erholungs- und Besinnungssessel, das Tagebuch auf den Knien, die Bibel in Reichweite, und fühlte mich vor Gott in einer Art Psychologiestudium, einem Nachholsemester, in dem ich alles bisher Gelernte unter Berücksichtigung der lebendigen Gegenwart Gottes neu überprüfte, unter Berücksichtigung seiner Liebe und seiner unendlichen Möglichkeiten, unter Berücksichtigung auch seiner Gebote und der Existenz des Widersachers, des „Mörders", wie ihn die Bibel nennt, des Diebes und Mörders, der uns berauben, trennen, spalten und am liebsten ganz verderben will.

Mir war klar, daß die Geschichte, die ich erlebte, sehr typisch war. Ich wußte, wie verbreitet Eifersuchtskonflikte in Liebe und Ehe sind. Der Partner wird zur „Bezugsperson". Man selbst reagiert kleinkindhaft. Das Miteinander ist von Gefühlsstürmen begleitet, die man sich nicht erklären und die man kaum unter Kontrolle bringen kann.

Ich konnte andere jetzt viel besser verstehen. Ohne daß man es weiß, ist man hinter etwas her, was nicht mehr zu haben ist, hinter seinem Kleinkindparadies: mit den Kleinkindmitteln, die damals funktionierten, mit der Kleinkindempörung, mit der Kleinkindverlassenheit – und all das kaum bewußt. Bewußt wird nur, wie böse doch der andere ist, der mir so weh tut, der mich so hängen läßt.

Das Ganze wird doppelt tragisch, wenn der Partner es seinerseits unbedingt braucht, daß ich mit ihm zufrieden bin, wenn er auf meine Kleinkindempörung mit seiner Kleinkindempörung reagiert. Dann sind da plötzlich zwei verlassene, verratene Kinder in Not, die mit ihrem Schmerz nicht umgehen können, und träumen von Scheidung.

Mich wundert nicht, daß Gott uns so liebt. Er kommt in diese Situation hinein und setzt mit seinen Geboten einen Damm gegen die Überflutung von Qual: Empöre dich nicht! Vergib, liebe, sinne nicht auf Rache, sei nicht stolz!

Gelingt es, in diesem Sinn gehorsam zu sein, dann ist es bald aus mit den infantilen Mitteln, aus damit, vernichtende Vorwürfe zu machen, zu erpressen, den anderen herabzusetzen. Es entsteht dann allerdings auch kein Kleinkindparadies. Was aber anklopft und entstehen möchte, ist „Reich Gottes", Ehe und Familie nach Gottes Willen und in *seinem* Geist.

In meinen ersten Lebensjahren war ich „Hannele", Hannele behütet und gepflegt, Hannele, wohlerzogen, niedlich, klug, dabei auch kindlich, unbeschwert. Später, endgültig im Alter von sieben (mit der Geburt meiner zwei Schwestern), wurde ich „Hanna", Hanna mit Verantwortung beladen, herrschsüchtig, ehrgeizig, traurig und beschämt über mein Äußeres, das ich für hölzern, steif und häßlich hielt.

Als ich Bodo kennenlernte und er mich mit viel Aufmerksamkeit verwöhnte, wurde ich, wenn wir zusammen waren, meinem Erleben nach wieder zu Hannele, entspannte mich, erholte mich nach langen, anstrengenden Dürrejahren, hatte Wert, ohne mich dafür abmühen zu müssen, und war glücklich, phasenweise überglücklich. Als Bodo sich dann abwandte, bestimmte Signale setzte, anderes im Sinn hatte, als mich mit seiner ungeteilten Beachtung zu verwöhnen, wechselt mein Erleben wieder zu Hanna. Ich fühlte mich plötzlich wieder groß, hölzern, unattraktiv, gut genug zum Arbeiten, aber zu grob, zu hölzern, zu ernst und zu herrschsüchtig, um geliebt werden zu können. Mein dringender, kaum bewußter Appell an Bodo lautete: „Bitte, tu mir das nicht an. Laß mich doch Hannele neben dir sein und nicht Hanna!"

Die Drohung des in allen Ecken lauernden Verrates hieß: „Geliebt werden nur die Kleinen." Sobald jemand „Kleines" auftrat, Frauen oder Mädchen, die zarter, anmutiger, weicher, weiblicher, jünger waren als ich und die Beachtung Bodos auf sich zogen, war in mir derselbe Schmerz wie damals, als ich mich von Hannele auf Hanna geworfen fühlte.

Für Bodo war schleierhaft, was ich eigentlich dauernd so dringend von ihm wollte beziehungsweise verhindern wollte. Ich konnte es ihm auch nicht erklären. Ich verstand mich ja selbst nicht. Ich spürte nur meine Anspannung, von der ich, wenn es gut ging, hin und wieder durch Weinen Erleichterung bekam.

Ich kann nicht sagen, daß ich schließlich freiwillig auf mein Kleinkindparadies verzichtet hätte. Aber während ich es nach und nach gezwungenermaßen loslies, entstand etwas Neues, etwas, was die Spaltung zwischen Hannele und Hanna aufhob und Versöhnung zwischen beide brachte: Ich wurde zu *Hanne,* fähig, auf eine realistische, erwachsene Weise mit Nähe oder Trennung umzugehen. Ich lernte es, Bodo sein Eigenleben und seine Eigenverantwortung für Treue zu lassen, – aber ebenso auch mein Eigenleben wiederzufinden.

Die Alternative des Echten

Ich notierte und durchdachte alles, was ich erlebte. Es stärkte mich, die ablaufenden Prozesse bewußt zu verfolgen. Ich war ihnen dann nicht mehr so ausgeliefert.

Bei einem unserer Waldspaziergänge fragte ich Regine: „Ich bin so froh, daß ich durch meinen Beruf geübt bin, auf meine Körpersignale zu achten, um so herauszubekommen, was es ist, was mich quält. Und trotzdem ist es noch so schwer. Wie machen es die, die diese Möglichkeiten nicht haben? Wie kommen sie denn solchen Hölleninvasionen bei, wenn sie gar nicht trainiert sind, psychische Zusammenhänge bewußt werden zu lassen?" Ich dachte an Freunde und Bekannte, die für mich geistliche Vorbilder waren, aber mit Psychologie nicht so viel im Sinn zu haben schienen.

Regine lachte und war der Meinung: „Die brauchst du nicht zu bedauern. Die haben es leichter. Sie gehorchen Gott und seinen Geboten blind. Das ist einfacher. Sie haben eingeübt, zu vergeben, den Feind zu segnen und Gott auch unter schwierigeren Umständen zu vertrauen. Du mußt nicht glauben, daß sie so viel Theater mit der Sache haben wie du."

Regine hatte wahrscheinlich Recht. Die strikten Stoppschilder mit den Geboten waren es ja auch bei mir, die vor allem geholfen hatten. Andere Prinzipien, die für lange Jahre eine Art Evangelium für mich gewesen waren, hatten nicht nur nicht geholfen, sondern geschadet. Es kam der Zeitpunkt, an dem ich mich endgültig von ihnen verabschiedete. Es waren Glaubenssätze etwa folgender Art:

„Du hast ein Recht darauf, von Bodo verstanden zu werden. Wenn er dich nicht versteht, mußt du dich deutlicher ausdrücken." – „Für deine Gefühle bist du nicht verantwortlich." – „In einer intakten Ehe dürfen und sollen sich Gefühle ausdrücken." – „Setz dich durch mit deinen Rechten!" – „Es ist für deine Ehe nicht gut, wenn du immer auf deinen Mann eingehst, und er nicht lernt, auch auf dich einzugehen." – „Strebe möglichst vollständige Kommunikation an."

Ich wußte nicht, wie diese Sätze in meinen Kopf gekommen waren und auch nicht, was sie taugten. Aber ich wußte, daß ich jetzt ganz andere Ziele hatte. Ich wurde allmählich sensibilisiert für das Ausmaß an Nichtvergeben in meinem Leben und wollte das Übel des Übelnehmens aus mir herausbekommen.

Eines Morgens, während ich im Radio die Pressestimmen verfolgte und mir der vorwurfsvolle Unterton bestimmter Kommentare geradezu weh tat, traf ich eine Entscheidung: Ich wollte, was mich betraf, in Zukunft jede Form von feindseligem Vorwurf, wenn ich ihn in mir spürte, als Sünde einstufen. Das biblische Gebot, seinen Nächsten zu lieben, war bedingungslos. Von Herzen sollte ich allen alles vergeben, so wie Gott mir vergab. Selbst Feinde sollten geliebt werden. Das Gericht behielt Gott sich vor. Es war nicht meine Sache, mit Vorwurf schuldig zu sprechen. – Vorwurf war auch überflüssig. Konnte man nicht alles, was zu sagen war, auch ohne Vorwurf sagen, einfach sachlich?

Die Psychologin in mir, die immer auch ein Wörtchen mitreden wollte, war einverstanden mit dieser Entscheidung und ermutigte mich, benutzte allerdings eine andere Sprache. Sie sagte: Feindseligkeit, Beleidigtsein, Vorwurf sind Ersatzgefühle, „rackets" (ein Begriff aus der Transaktionsanalyse). Du versäumst nichts, wenn du auf sie verzichtest. – Durch Heinz, einen Freund meines Mannes, der in München diesem Thema wissenschaftlich nachging, lernte ich, daß es für alle „rackets" gesunde Alternativen gab. Denn alles Echte kann entarten, und für alles Entartete gibt es das Echte. Demut kann verderben zu Unterwürfigkeit, Selbstachtung zu Stolz, Trauer zu Selbstmitleid, Freiheit zu Zügellosigkeit, Ordnung zu Pedanterie, Großzügigkeit zu Verschwendung, Glaube zu Aberglauben, die Sehnsucht nach Heiligkeit und Vollkommenheit kann entarten in einen ungesunden Perfektionismus und so weiter. Und umgekehrt: Alles Entartete entwickelt sich im Fragen nach Gottes Willen zurück in das Echte und Eigentliche.

Die dominanten, feindseligen „rackets" verschwanden aus meinem Verhalten in dem Maße, in dem ich konsequent zu vergeben begann. Oder umgekehrt: Rutschten mir giftige Reaktionen feindseliger Art heraus, konnte ich mich anschließend prüfen, was ich nicht vergeben hatte und dafür die Verantwortung übernehmen.

In der Beziehung zu Bodo wurde schließlich möglich, was Heinz bei uns schon länger anzuregen versucht hatte: Vorwurf in Bitten umzuwandeln.

Nur einer ist gut

Trotz allem Bemühen meinerseits gab es immer wieder Rückfälle. Das zeigte mir, wie sehr ich bei diesem Heilungsprozeß auf Gott angewiesen war. Es kam darauf an, zwar weiterhin zu tun oder zu üben, was ich als richtig erkannt hatte, mir aber trotzdem die Erlösung nicht von meiner Leistung zu versprechen. „Ohne mich könnt ihr nichts tun", las ich im Johannesevangelium (Joh 15.5). –

Regine schenkte mir ein Büchlein von A. Murray: „Warten auf Gott" (Hurlach 1980). Auch diese kleine Schrift unterstrich, daß ich – gefangen in der Hölle negativer Impulse (meist eine kleine Stufe unterhalb des vollen Bewußtseins) – aus mir selbst gar nichts konnte. Wenn mich negative Vorstellungen quälten, Haßbilder, Angstbilder, Neidvorstellungen, dann konnte ich mir nicht selbst eine andere Sicht verschaffen.

Nach Muray habe ich darauf, daß Wiederherstellung in mir geschieht, „ebensowenig Einfluß wie auf Gottes Schöpfertat der Erschaffung der Welt". Meine Sache sei allein, mich unter Gottes Willen unterzuordnen, ihm zuzustimmen und auf ihn zu warten, auf die guten Impulse von ihm, die ich brauche, um nicht stecken zu bleiben in meinen Konflikten.

Karin, eine junge Frau, die hin und wieder in unserem Gebetskreis sprach, klärte mich, wenn ich über Rückfälle klagte, im selben Sinne auf: „Dein eigenes Vergeben, noch so gut gemeint, wird vom Wesen her immer noch Unversöhnlichkeit sein, deine eigene Demut immer noch Stolz, dein eigener Gehorsam immer noch Rebellion. Übernimm dich nicht. Laß es Gott selbst in dir wirken. Nimm nur sein Wesen in dich auf."

Bestimmt hatten sie alle Recht. Nicht im Vertrauen auf Gott zu bleiben, ein Leben in eigener Kraft und Regie zu führen, das sah bei mir tatsächlich immer leicht so aus:

Durchaus guten Willens, sowieso von Hause aus das „brave Kind", das gut sein will, sich viel vornimmt, es aber nicht schafft, das sich anstrengt, aber nur merkt, wie Gereiztheit und schlechte Laune die Folge sind, das sich dann selbst ablehnt, niedergeschlagen und matt zu viel ißt, zu viel Kaffee trinkt, sich deshalb noch mehr ablehnt und immer so weiter.

Es war offenbar ein anderes Prinzip, aus eigener Kraft gut sein zu wollen oder zu wissen, daß Gott allein gut ist und daß es darauf ankommt, daß er in mir immer mehr Raum gewinnt. Anders schien das Gutsein nicht zu gelingen. Selbst Jesus sagt (Mark 10,18): „Was nennst du mich gut? Niemand ist gut, außer Gott allein." Selbst Jesus war nur in dem Maße gut, wie der Vater in ihm Raum hatte. In Jesus allerdings hatte er allen Raum.

Ja, Gott allen Raum geben. Besonders in der Umlernphase, die eine Zeit großer, innerer Labilität war, brauchte ich dazu ausgedehnte Gebetszeiten, geeignete Bücher und Kassetten, Gottesdienste, Gebetstreffen und Zeit zum Bibellesen. Es war ein Prozeß der Erneuerung meines gesamten Denkens, meiner Sichtweisen, meiner Herzenshaltungen.

Ein großer Trost waren für mich die neuen Lob- und Anbetungslieder. Diese Lieder haben in der Regel biblische Texte, häufig aus den Psalmen. Die Melodien sind einfach, lieblich, rhythmisch und wohl ausnahmslos im Gebet entstanden. Diese geistliche Herkunft spürt man. Den, der will, nehmen sie mit vor den Thron Gottes.

Wenn ich über solche Lieder Gott anbetete, wenn er die Mitte wurde und ich in eine selbstverständliche Unterordnung vor ihm kam, dann wichen alle Angst und aller Druck.

Das ist alles, was
ich für dich
tun kann.

Wenn seine Größe und Güte, seine Möglichkeiten das wurden, worauf ich schaute, dann war es nicht mehr naheliegend, mißtrauisch die Beachtung meiner Wichtigkeit zu überwachen. Wenn dann die Angst verschwand, erlebte ich das auch im Leib als Entspannung und Wohlbefinden.

Ich war sehr motiviert, aller Finsternis meiner Gedanken und Stimmungen zu entrinnen, möglichst vollständig. Und ich hatte Hoffnung, daß dies möglich war.

Für diese Hoffnung spielten Vorbilder immer wieder eine besondere Rolle.

Der in uns schafft, was vor ihm wohlgefällig ist

Unter den Christen, die mir Vorbild waren, fanden sich Menschen wie angezündete Laternen. Sie verbreiteten Licht, Wärme, Freude. Davon lebt die Erneuerungsbewegung, nicht in erster Linie von der Theologie oder von speziellen kirchlichen Aktivitäten.

Es waren nicht alle so hell, vielleicht nicht einmal die meisten. Und die so waren, waren es auch nicht immer. Aber es fand sich, dieses Leuchten, dieses Ausstrahlen dessen, was von den Gebetszeiten, vom Kontakt mit Gott her sozusagen reflektierte. Das ist es dann, was Außenstehende anzieht, was auch mich selber vor einigen Jahren angezogen hatte, dieses Licht, nicht der Mensch oder der Kreis oder die Bewegung. – „ICH bin das Licht", sagt Jesus. Auf Ihn kam es uns an. Darin waren wir uns einig. Ihm folgten wir nach, nicht der charismatischen Bewegung. Aber indem wir Ihn trafen, auf Ihn hörten, geschah in seinem Namen charismatische Bewegung. „Zeichen folgen denen, die glauben". Als ich das gerade mit Staunen zu begreifen begann, war mir die Eifersucht dazwischengekommen. Andere erlebten Ähnliches. Nach Zeiten höchster Segnungen erfuhren sie ein Tief, in dem sich für sie selbst ihr Charakter entblößte.

Es sprach sich herum, daß mit der Bekehrung noch nicht automatisch der Charakter verändert war und auch nicht mit dem Gebet um Geisterfüllung, von dem wir uns so viel versprachen. Gott deckte uns unseren Charakter auf. Ohne unsere Zustimmung wurde er nicht verändert. Weil wir jedoch Gott geschmeckt hatten, wollten wir nicht mehr ohne ihn leben und willigten in die Erziehungsprozesse ein. Sie zwangen uns, das zu lernen, was allein wirklich weiterhilft: nach Gottes Sicht der Dinge zu fragen und von den eigenen Illusionen und Vorurteilen abzulassen.

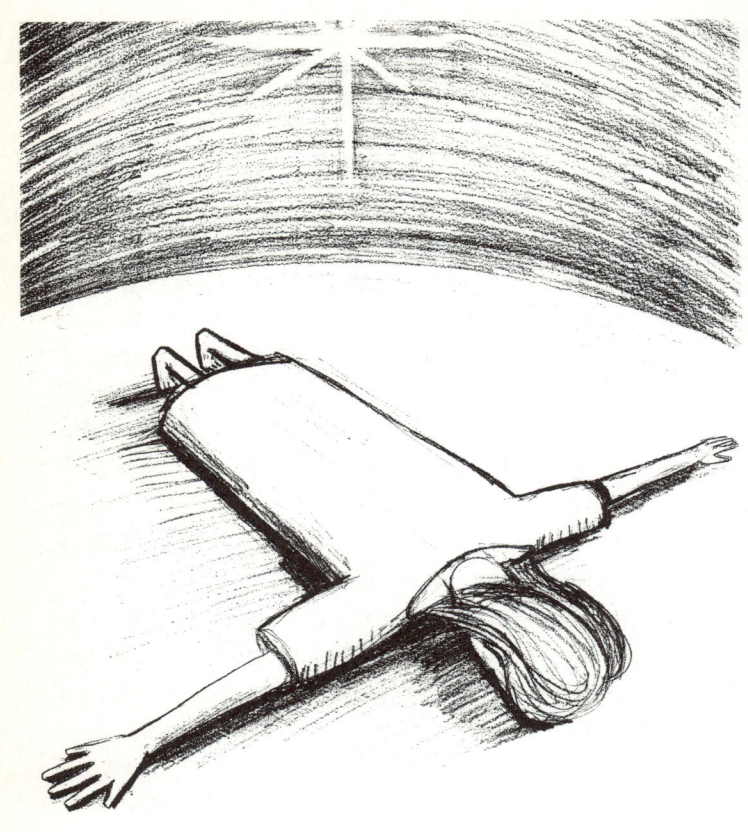

Jesus, ich gebe es auf, Liebe
und Aufmerksamkeit erbittert
einzuklagen. Amen.

In einem Sonntagsgottesdienst traf ich Elke, die Leiterin einer Kindertagesstätte. Ich kannte sie durch Regine. „Hallo, wie gehts?", begrüßten wir uns. Im Vorübergehen mit Flüsterstimme machte Elke eine Andeutung: „Ich hatte ein Tief. Ich konnte nicht mehr. Ich habe erfahren, was mich vom Nichtchristen unterscheidet: Nichts als die Gnade."

Oder Elmar. Elmar, Naturwissenschaftler und in der Kernforschung tätig, hatte, wie er sich ausdrückte, allmählich sein „Öl" verloren, schleichend, bis er an einem Tage keins mehr hatte. In dieser Zeit wurde er neben vielen anderen Mißgeschicken, die ihn trafen, auch sehr krank. Die Telefonate mit ihm wurden anstrengend. Er kreiste um Negatives. Endlich, nachdem er eine bestimmte innere Haltungsänderung vollzogen hatte, welche, wußte er selbst nicht so genau, wurden seine Telefonate wieder wohltuend, jedes Mal Predigten, die mich tief ansprachen.

Elmar betonte, welche Kostbarkeit es doch sei, innerlich „im Geist" zu sein. „Dies ist der höchste Schatz, Hanne", ermahnte er mich. „Es ist grausam, ihn zu verlieren."

Ich stimmte Elmar zu. Ich suchte ja auch mit ganzer Aufmerksamkeit eine Antwort auf die Frage: „Wie kann ich es anstellen, *immer* in Gott zu bleiben?"

Mein tägliches Brot in dieser Zeit war ein

Wort aus dem Hebräerbrief (Hebr. 12, 21), nach dem „Gott selbst in uns schafft, was vor ihm wohlgefällig ist", wenn wir es ihm nur erlauben. Ihm diese Erlaubnis zu geben, war das Geheimnis der Christen, die mir Vorbild waren, und wurde schließlich auch für mich zu einer Art Dauerhaltung und Dauerentlastung.

In der Gewißheit, daß Gott selbst in mir an der Arbeit war, ja, daß der Kampf bereits gewonnen war, konnte ich mich entspannen, brauchte ich auch innere Anklage nicht zu fürchten und mich durch sie nicht von Gott trennen zu lassen.

Innerer Anklage und Selbstverurteilung, wenn sie in mir wühlen wollten, stimmte ich zu: „Ja, ich bin von Hochmut verseucht. Ja, ich bin schwach, verkorkst, feige. Aber damit wird Gott fertig, er ist der Herr." – In dieser Haltung gab es immer wieder gerade dann fruchtbare Gebetszeiten, wenn ich sie, durch Versagen entmutigt, am nötigsten brauchte, Gnadenaugenblicke, in denen ich in Gottes Liebe tauchte wie in ein warmes, heilendes, reinigendes Bad.

Beim Durchblättern einer Bibel-Konkordanz fiel mir auf, daß die Vokabel „Herz" in der Bibel sehr häufig vorkommt. Als ich die einzelnen Stellen durchsah, bekam ich eine Vorstellung davon, was es mit unserem Herzen auf sich hat, wie beeinflußbar es ist zum

Guten wie zum Bösen, wie es verderben kann, verhärten, andererseits rein sein soll, weich, von Gott selbst erneuert werden kann. Ich verstand, daß es Gott auf unser Herz ankommt, ja, daß er gerade an diesem Herzen interessiert ist, um Gemeinschaft damit zu haben und seine Freude hineinzufüllen. Auch im Gebetskreis sangen wir: „Die Straße zu deiner Stadt geht durch mein Herz."

Nach und nach verstand ich, daß ich den Heiligen Geist, Gottes Wesen, das in mir wohnen will, immer wieder ausschloß, weil mein Herz die Gewohnheit hatte, sich nicht nur im Falle von Eifersuchtsanlässen, sondern auch auf andere kleine Nöte hin beleidigt und mißtrauisch zu verschließen. Solche Regungen, mir selbst lange nur als leichte Niedergeschlagenheit bewußt, wurden offenbar von Gott respektiert. Ein verschlossenes Herz durchbrach er nicht.

Heilung im Charakter

Durch Erfahrung begriff ich schließlich wirklich, daß mich Demütigungen nicht vernichteten. Und ich lernte, daß zu vergeben nicht hieß:

Alles hinnehmen und sich zerquetschen lassen. Nein, gerade wenn ich vergeben hatte, wurden sachliche Auseinandersetzungen möglich und fruchtbar.

Es kam schließlich der Zeitpunkt, wo ich mit Eifersucht umgehen konnte. Der Schmerz war noch da, aber ich fürchtete ihn nicht mehr. Ich war über ihn nicht mehr bedrohbar und jagbar. Eine Tagebucheintragung von damals, als Daniel und damit mein Eifersuchtsproblem ein Jahr alt waren, lautet: „Die Freiheit nimmt zu. Ich genieße meine Tage. Die Eifersuchtsanlässe als Demütigung zu erkennen und einfach auszuhalten, den Schmerz bewußt zu spüren, tut mir gut, weil sich dann die Angst davor verliert. Und dieser Schmerz ist im Grunde nicht schlimmer, als wenn ich mich leicht klemme oder verbrenne oder dergleichen, wo es auch nichts hilft zu schreien."

Verglichen mit dem, was ich durch Eifersucht gelitten hatte, emfand ich jetzt andere psychische Verletzungen, gegen die ich früher bitter aufbegehrt hatte, als harmlos. Schmerz wahrzunehmen und trotzdem bei Vernunft zu bleiben, wurde dort auf einmal leicht. Ich gewöhnte mir ab, auf jede Provokation hin empört hochzufahren oder mich beleidigt zu entziehen. So kam viel mehr Frieden in mein Leben und in meine Beziehungen.

Daß ich mich veränderte, merkten auch andere. Die Kollegen in der Beratungsstelle fanden, ich sei weicher geworden. Bodo kam mittags wieder nach Hause und stellte fest: „Die Atmosphäre ist hier gut." – Was ich selber spürte, war hauptsächlich, daß ich mich nicht mehr so anstrengen mußte. Ich sparte Kräfte ein. Der Umgang mit anderen Menschen wurde leichter. Ich ärgerte mich nicht mehr so viel.

Nachbarn im Haus hatten einen Hund, der aus mir unerklärlichen Gründen immer gegen Mitternacht im Hausflur bellte. Bei der Gelegenheit merkte ich am deutlichsten, daß sich in mir etwas verändert hatte. Mich störte nur noch der akustische Reiz des Bellens, aber nicht mehr, wie ich es von früher her kannte, darüber hinaus meine innere Aufregung und Empörung über die Rücksichtslosigkeit. Ich wunderte mich nur über den nächtlichen Lärm, sprach mit dem erwachsenen Sohn der Nachbarn unbefangen und ohne Vorwurf, wirklich fragend. Und das Problem erledigte sich.

Es war für mich eine Offenbarung zu erkennen, daß ich nicht verpflichtet war, böse zu werden, daß man weich bleiben und dennoch seine Belange vertreten konnte.

Andererseits: Überwunden war der Stolz noch nicht. Es gab absurde Situationen. Ich begann im Gebetskreis über Stolz zu lehren und tat das mit ehrgeiziger Motivation. Auch der Wunsch, gelobt zu werden oder im Mittelpunkt der Aufmerksamkeit zu stehen, waren unvermindert noch da. Sie wurden jetzt nur peinlich bewußt.

Jedes Mal, wenn etwas an Stolz überwunden war, wurde der Blick klarer für den Rest. Täglich fielen mir bestimmte Situationen aus der Vergangenheit ein, in denen ich anderen durch meine hochfahrende Art geschadet hatte. Solche Erinnerungen waren mit Scham und Reue verbunden.

Aus der Festung meines selbstsicheren Charakters schien ein Stein herausgebrochen zu sein. Alles wurde locker. Locker, flexibler, und weicher zu werden war etwas, was ich sehr begüßte. Gleichzeitig fühlte ich mich aber auch schwächer und wärmebedürftiger.

Ich begann viel bewußter Wärme zu suchen und in mich aufzunehmen: über warme Kleidung, ein warmes Getränk, ein warmes Bad, die Wärme der Sonne, die Liebe und Nähe von Bodo, freundliche Zuwendung auch von anderen.

Alles Warme, Weiche, wenn es nicht zu eng war, tat mir gut, Wärme auch von Gott. Vor allem, wenn ich mit Trauer zu ihm kam, wenn ich Trauer vor ihm zuließ, erfuhr ich die Wärme seiner Gegenwart und seines Trostes.

Wenn in mir Liebe für andere frei wurde,

wärmte diese auch mich selbst. Ein Loch, ein Defizit schien aufgefüllt zu werden, jedenfalls fühlte es sich so an.

Im Stolz, im naiven, ungebrochenen Stolz, der sich auslebte, war dieses Loch nicht einmal spürbar gewesen. Aber im Verzicht auf die Stärke, die der Stolz gibt, wurde es spürbar und, Gott sei Dank, auffüllbar, endlich.

Die heißen Eisen

Die Welt wurde wieder weit. Wenn meine Gedanken nicht um meine eigene Wichtigkeit kreisten, dann kippte meine Sicht unserer Ehelandschaft, so daß ein buntes Feld der verschiedenen Aktivitäten ins Blickfeld kam:

Was wir miteinander unternehmen konnten, war dann wichtig, wie wir uns einigen, stützen, praktische Probleme lösen, Feste feiern konnten. Auch unser quicklebendiger kleiner Daniel natürlich, und viele Anlässe, sich an ihm zu freuen.

Die ersten Monate seines Lebens ziemlich stumm, war jetzt in ihm eine fröhliche Kontaktbereitschaft erwacht. Wippend auf meinem Schoß, auf dem er gern mit seinen Füßchen stand, nahm er mit einem entschlossenen, schnellen Griff meinen Kopf in seine Hände, wo er ihn gerade zu fassen bekam, bei den Haaren oder Ohren, kam ganz nah mit seinem Gesicht an meins heran, probierte, wie ich schmeckte, drückte sein Rotznäschen fest an mich, hopste und quiekte voller Lebensfreude. Daniel in seinem ungebrochenen Vertrauen war für uns eine lebendige Anschauung von noch weitgehend unversehrter Schöpfung. Er hielt die Sehnsucht in mir wach, von Grund auf wiederhergestellt zu werden.

Unsere Ehesituation sah inzwischen so aus, daß Gespräche zwischen Bodo und mir, solange die heißen Eisen nicht berührt wurden, viel offener und vertrauter verliefen.

Die Anlässe, die mich so erschreckt hatten, besonders seine Beziehung zu den Kolleginnen, konnten wir aber immer noch nicht zum Thema machen. Über das, was da wirklich abgelaufen war, tappte ich nach wie vor im Dunkeln. Sollte ich es dabei belassen? War der Anspruch auf völlige Offenheit im Eheleben zu hoch?

In der Absicht, mich in Gott zu erholen, saß ich an einem Samstagabend im Juni in einem Lobpreisgottesdienst, der in einem ehemaligen Düsseldorfer Kino stattfand, um mit den Gläubigen eins zu werden in der Anbetung Gottes. Viel Jugend war in den Reihen. Von allen Seiten begrüßte man sich. Die meisten dort kannte ich, und ihre Freundlichkeit tat mir wohl. Dem Gastredner aus Norddeutschland merkte man noch an, daß er früher Stotterer gewesen war. Während seiner schlichten Predigt verbreitete sich im Raum eine Atmosphäre, die ich als die Gegenwart Gottes empfand und die ich kannte und liebte, eine Atmosphäre, in der man weich wird und bereit, sich so, wie man ist, in Gottes Licht stellen zu lassen.

In diesem Licht sah ich an diesem Abend mein gesamtes bisheriges Leben. Und ich sah mit besonderer Deutlichkeit wie einen durchgängigen roten Faden: meinen Stolz! Meine eigene Wichtigkeit. War sie mir nicht immer das Wichtigste gewesen? Und war die Eifersucht in ihrem innersten Kern nicht der Anspruch an meinen Mann, mich zu vergöttern? Ja, ich wollte im Mittelpunkt seiner Aufmerksamkeit sein, wie ich im Mittelpunkt der Aufmerksamkeit meiner Mutter gewesen war, bevor ich aus dieser Position entthront wurde.

In dem Licht, das mir Gott jetzt gab, fragte ich mich: Hatte ich nicht damals wie heute Bewunderung, ja, geradezu Anbetung gewünscht? – Ich erschrak und wußte, daß Gott allein alle Ehre und Anbetung gebühren.

Gegen Ende des Gottesdienstes bestand die Möglichkeit, nach vorn zu gehen und sich segnen zu lassen. Man hörte mich freundlich an, sagte mir im Namen Jesu Vergebung zu, legte mir die Hände auf und betete für mich.

Erlöst und ermattet kam ich nach Hause. Dort erwartete mich eine Überraschung. Gott hatte mir den „Balken im eigenen Auge" unausweichlich gezeigt. Und er hatte zur selben Stunde bei Bodo dasselbe getan. An diesem Abend und während der nächsten Tage sprach Bodo zum ersten Mal über *seinen* Schuldanteil an unserer gemeinsamen Geschichte.

Bodos Offenheit, zusammen mit meiner Bereitschaft, Ansprüche loszulassen, brachten nun wirkliche Erleichterung. Ich verstand, daß Bodo vor allem selbst nicht abgelehnt werden wollte, daß er, dies vorausgesetzt, gern bei mir war, daß er gleichzeitig mit allem Eifer für die Beziehung zu anderen und für seinen Beruf, doch auch an mir festhielt, ja, daß Festhalten auch *sein* Charakterzug war. Wenn er sich von mir distanzierte, dann vor allem, weil er keinen Vorwurf wollte, und nicht, weil ich ihm nicht gefallen hätte, so wie ich war. Ich war ihm schön genug, das war nicht sein Problem mit mir, wenn es eins gab. – Es war viel gewonnen, als ich das verstand.

Gereizte Auseinandersetzungen wurden seltener und kürzer, und sie endeten immer öfter in gemeinsamem Lachen. Wenn ich jetzt Dinge, die ich vorher bitter verborgen hatte, zwanglos sagen konnte, weil ich nicht mehr bitter war, entstand daraus leicht Humor.

Das Thema Eifersucht trat in den Hintergrund. Wider Erwarten blieb es da über längere Zeit noch gegenwärtig und hielt mich, weil ich immer noch sehr schnell an meinen eigenen Grenzen war, in der Abhängigkeit von Gott.

Es ging uns inzwischen so gut, daß ich von Herzen für die Krise, die ich erfahren hatte, zu danken begann. Ich verstand jetzt ihren Sinn:

Gott erlaubt, daß finstere Drohungen uns einkreisen und in die Enge treiben bis an den Punkt, an dem wir ihm noch nicht gehören.

Diesen Punkt sichtbar werden zu lassen und uns dort vor eine Entscheidung zu stellen, ist der Sinn der Nöte.

Das Nadelöhr zu passieren und der Angst zu entkommen, ist die Chance solcher Krisen.

Am eigentlichen Schmerz

Ich war doch sehr beeindruckt. Ich hatte viel erlebt, den Ansturm einer irrationalen Bedrohung in mir, aber auch die Machtlosigkeit dagegen. Und ich hatte im Vertrauen auf die Führung, die ich bekam, wenn ich im Gebet Gott fragte, Wegweisung bekommen, die dieser

Bedrohung, diesem inneren Höllengeflüster, den Boden entzog.

Irrationale Bedrohungen erlebten viele Menschen, wenn auch oft anderen Inhaltes. Ob man ihr immer durch innere Haltungsänderungen den Boden entziehen konnte? War ich einem Muster auf der Spur?

Menschen kamen in die psychologische Beratungsstelle, in der ich tätig war, angeblich von den Umständen gepeinigt. Bei genauerem Hinsehen wären die Umstände meist aber durchaus zu ertragen und die Konflikte durchaus zu lösen gewesen, wenn man nicht durch negative Gefühle und eine verschobene und verstockte Sicht der Zusammenhänge gepeinigt würde. Der Körper reagiert auf Vorstellungen so, als ob das Vorgestellte real sei. Die Lasten, die man trägt oder tragen zu müssen glaubt, liegen auf dem Genick und schmerzen dort. Die Angst verkrampft das Herz. Der Kloß sitzt im Hals, der Würgegriff an der Kehle. Ablehnung und Entwertung drücken auf die Brust oder zwicken im Bauch. Man macht die Umgebung dafür verantwortlich, daß man leidet, und sieht nicht, welche Rolle die eigene Bitterkeit spielt, wie sehr Nichtvergebenes aus der Vergangenheit allergisch gemacht und weiteres Übelnehmen nach sich gezogen hat. Man erwägt Trennung vom Partner und probiert Sucht- und Fluchtwege, nur um zu erleben, daß alle Flucht und Erholung kurzlebig sind, so daß, wenn es gut geht, in den Beratungen und Therapien allmählich die Bereitschaft entsteht, sich zu fragen: „Was ist nur mir *mir* los?" – Wenn wir in der Not nicht „böse" werden, das heißt, nicht zu schnell und zu automatisch mit den eingeübten Unarten aus der Kindheit reagieren, dann kommen wir zu dem, was *eigentlich* los ist, zu dem Schmerz. Es ist der Schmerz, nicht geliebt worden zu sein, nicht verstanden, zu Unrecht bestraft, ausgelacht oder alleingelassen worden zu sein, enttäuscht, überfordert und so weiter. Was macht man mit diesem Schmerz?

In ihrem Buch „Allein leben" (Wuppertal 1985) zitiert Ingrid Trobisch einen Wahlspruch ihres verstorbenen Mannes: „Just let the deep pain hurt!" Klüger kann man es nicht ausdrücken. „Laß den tiefen Schmerz einfach zu!" Schmerz, den man zuläßt, muß man nicht mehr feindselig abwehren. Ja, „just let the deep pain hurt!" Das ist im höchsten Grade therapeutisch. Denn so – vor allem, wenn es im Gebet geschieht – können jetzt die Enttäuschungen „verschmerzt" werden und tiefe Verletzungen nach und nach heilen.

Die wegen ihres Glaubens ausgewiesene Russin Tatjana Goritschewa erzählte bei einem Vortrag in Düsseldorf von ihrer Angst, die sich fast zu einem Verfolgungswahn entwickelt hat-

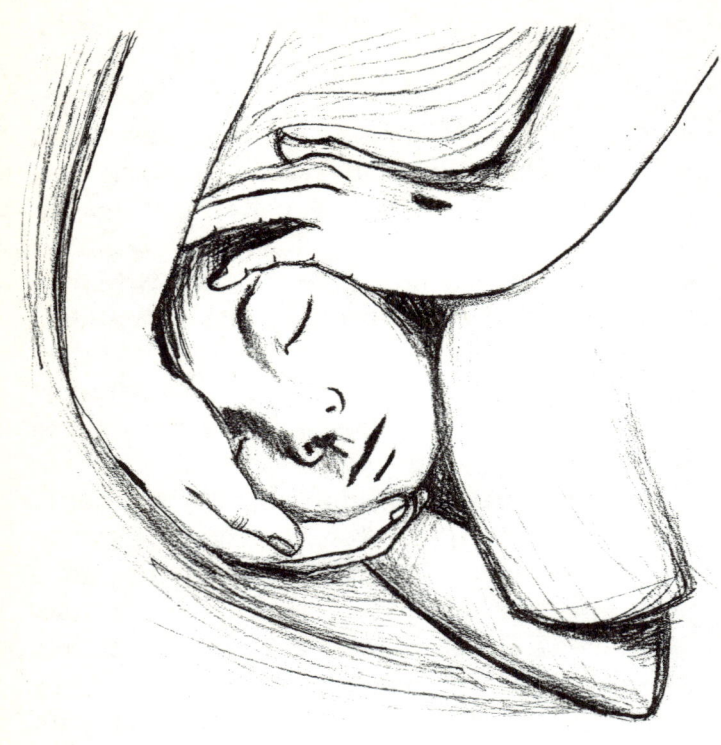

Ich bin bei Dir, um Dir zu
helfen. Verzweifle nicht!

te, nachdem sie auf öffentlicher Straße in Leningrad von Mitgliedern des KGB von hinten überfallen und geschlagen worden war. Dieser Angst war mit nichts beizukommen, nicht mit Gebet und auch nicht mit dem Wissen, „daß die vollkommene Liebe alle Furcht austreibt". Die Wende kam, als sie eines Tages, Jesus vor Augen, der selbst Verrat, Verleumdung, Hohn, Spott und brutale Gewalt hingenommen hatte, ebenfalls dazu bereit sein wollte. Im selben Moment verschwand ihre Angst und trat nie wieder auf. Diese einwilligende Haltung nannte Tatjana Demut und betonte, daß die in Rußland verfolgten Christen keine besonderen Helden gewesen waren, sondern daß ihre Kraft aus dieser Art von Demut kam. – Als ich nachschaute, was ich in meinen Tagebüchern über meine gelegentlichen und überraschenden Befreiungserfahrungen notiert hatte, zeigte sich dasselbe:

In der Bereitschaft, den Schmerz der Demütigung, den die Eifersuchtsanlässe regelmäßig nach sich zogen, auszuhalten, verschwand nicht nur irgendwann die Eifersuchtsqual, sondern es strömte überraschendes Wohlbefinden in mich ein. Besonders während der Endphase der Geschichte erlebte ich solche Befreiungen.

Die drei folgenden Beispiele erhellen das im einzelnen.

Drei Beispiele aus der
Endphase der Geschichte

Erstes Beispiel

Bodo kam nach Hause und teilte mit, daß er
noch eine Woche alten Urlaub bekommen
würde. Das war ihm gar nicht so recht, weil er
schon bis hin zu dem Zeitpunkt, wo der alte
Urlaub genommen sein mußte, Termine vergeben hatte. Ich reagierte allergisch darauf und
schlug gereizt vor, daß er seinen Urlaub doch
verschenken solle. – Wir nahmen uns zusammen, damit sich der drohende Streit nicht aus-
weitete, schwiegen eine Weile und sprachen
dann von etwas anderem.

Einen Tag später kam Bodo in seiner Mit-
tagszeit überraschend nach Hause. Ich freute
mich, – aber zu früh. Er wollte eigentlich gleich
wieder weg, er hatte nur ein Buch holen wollen
und beabsichtigte, den Rest der Mittagspause
in der Arbeitsstelle zu verbringen. Na ja, kurz
mit mir eine Runde durch die Sonne, das wäre
schon möglich.

Ich war aufgeregt und verletzt und gleichzeitig solcher Aufregungen und Verletzungen
plötzlich überdrüssig, durch und durch überdrüssig. Sollte ich mir denn täglich von Bodo
meinen Unwert nachweisen lassen, meinen

Unwert für ihn? Ich bekam nur noch Luft bei der Vorstellung, mit dem Kind und den nötigen Utensilien wegzugehen. Etwa fünfundvierzig Minuten lang durchdachte ich alle praktischen Möglichkeiten. Die Idee gefiel mir immer besser. Ich merkte, wie ich bei der bloßen Vorstellung aufatmete, mich aufrichtete und an Wert gewann.

In diese Gedanken hinein fühlte ich mich aber leise und unaufdringlich erinnert: „Wolltest du nicht vom Stolz umkehren?" Relativ schnell war daraufhin in mir Zustimmung: „Stimmt, das wollte ich."

Mit dem Vorsatz, gleich, wenn ich Ruhe haben würde, noch einmal im Gebet darauf zurückzukommen und mich vor Gott, was Stolz betraf, zu überprüfen, erlebte ich aber schon Befreiung. Der innere Krampf hatte sich in Nichts aufgelöst, Schmerz, Wut, Hoffnungslosigkeit und Unwertgefühl waren aus mir verschwunden. Statt dessen war in mir Ruhe. Ich sah Bodo nicht mehr als Monstrum, als Feind, sondern als jemand, der zwar nicht gerade geschickt reagierte, es aber sicher gar nicht so unverschämt meinte, wie es auf den ersten Blick aussah. Was war geschehen? Hatte mich nicht im selben Moment, als ich den Stolz losgelassen hatte, der Schmerz verlassen? Ja, das wollte ich mir merken, nicht der Schmerz, der Stolz war mein Feind.

Zweites Beispiel

Bodo hatte viel zu tun mit einer ehrenamtlichen Arbeit. Schon seit Tagen hatte ich mit dem Druck zu kämpfen, den es mir machte, daß er auch noch in seiner Freizeit so viel außer Haus war. Als er dann unvermittelt herzlich wurde zu einer Frau, die uns kurz besuchte, ihr zweimal nacheinander um den Hals fiel, war in mir: „Für die Arbeit bist *du* gut genug, geliebt werden die *anderen*."

Im selben Moment mit diesem Gedanken waren wieder Schmerz, Bitterkeit, Empörung da. Und fast zwanghaft auch der Drang, mich vorwurfsvoll zu beklagen. Die Folge waren Streit und eine sehr gestörte Nachtruhe. Zwei Tage lang rang ich nach Orientierung. Was war los? Ich beschrieb eine Menge Blätter mit meinen Fragen und Erkenntnissen, ohne aus der bedrückten Stimmung herauszukommen. Ich war sehr verwirrt und fragte mich: „Hat das denn nun mit Stolz zu tun?" In dem Moment sah ich mich selbst unscheinbar und ganz allein, dabei gesammelt und eigentlich nicht bedauernswürdig. Ich spürte die Frage: „Willst du das sein, unbeachtet, unscheinbar, allein, allein vor MIR?" Ich reagierte: „Ach so, also doch Stolz!" Im selben Moment hatte ich vor dieser Rolle, in der ich allein war und nicht interessant für meinen Mann, keine Angst mehr und war bereit, meinen Widerstand aufzugeben. Ich hatte das noch nicht zu Ende gedacht, da wich jeder Druck von mir, jede Angst, jede Bedrängnis. Ich sah gar nicht mehr, was mich eigentlich so aufgebracht hatte. Auch mein Bild von Bodo war verändert. War er nicht ein Schatz, für den ich dankbar sein konnte? Diese Stimmung hielt sich. Ich paukte mir ein, beim nächsten Mal schneller zur Annahme der (vermeintlichen oder wirklichen) Herabsetzung zu kommen.

Drittes Beispiel

Bodo erzählte beiläufig, wie er mit einem jungen Mädchen aus unserem Bekanntenkreis im Spaß gerangelt hatte. Augenblicklich setzte sich mir wieder ein Druck auf die Brust, der mir fast die Luft nahm. Alles Mißtrauen war wieder da. Die Verbundenheit zwischen ihm und mir riß ab. Ich war in meiner Phantasie die Betrogene, Verratene.

Weil ich meiner Sicht der Sache nicht traute, hielt ich mich mit vorwurfsvollen Reaktionen zurück, spürte dem Schmerz in mir nach und war entschlossen, ihn als meine Sache anzusehen. Das ging ganz gut. Allmählich aber entwickelte sich in mir eine unbetimmte

Aggressivität, die Neigung, herrschsüchtige Anordnungen zu treffen. Bei all dem lehnte ich mich selbst sehr ab. Ich empfand mich (obgleich normal groß und normal schwer) als unausstehlichen Koloß, den man nicht lieben konnte und kam schlecht in den Schlaf. Kopfschmerzen schienen meinen Kopf sprengen zu wollen. – Morgens nach dem Wachwerden spürte ich ein starkes Anlehnungsbedürfnis an Bodo.

Am Frühstückstisch wurde mir bewußt, wie der Spuk sich gestaltet hatte. Die Vorstellung vom Gerangel mit dem Mädchen hatte mich in Gefühle meiner Kinderzeit zurückversetzt, wo mit meinen Schwestern geschmust und gerangelt worden war. Es wiederholte sich ein Erleben mit Fehlschluß: Geliebt werden nur die Kleinen. Ich bin zu schwer für den Schoß, zu groß für eine kleine Zärtlichkeit. Ich soll nicht lästig werden. Ich soll gehen und etwas für die Schule lernen oder einkaufen oder den Abfall hinuntertragen oder sonst irgendwas – nur nicht kindisch sein. Geliebt werden die Kleinen, geliebt wurde ich als ich klein war. Jetzt wird gearbeitet. Zum Necken und Spielen sind jetzt andere da, die – schau mal, wie süß! – dazu auch viel mehr einladen.

Während des Frühstücks erlebte ich Trauer und Schmerz, ohne Bodo dafür verantwortlich zu machen, durchlebte diese Erinnerungen, sah die Parallelen heute, nahm alles nur wahr. Als ich aufhörte, mich dagegen aufzulehnen, strömte eine Art Balsam in mich ein, ein Frieden, der dann auch die Atmosphäre beim gemeinsamen Frühstück bestimmte. In ungezwungener Vertrautheit und Nähe besprachen Bodo und ich noch dieses und jenes, spielten und lachten mit dem Kind. Der Spuk war vorbei.

Frei von Eifersucht

Ich bekam nun einen großen Wunsch, das, was ich selbst gelernt und erkannt hatte, den Ratsuchenden zu vermitteln, mit denen ich beruflich arbeitete. Aber wenn ich den Versuch machte, spürte ich ihre Abwehr. Ich wurde mißverstanden. Die Betroffenen fürchteten, zu all ihrer Mühsal und Not käme nun noch ich mit Vorschriften und Ratschlägen im Sinne von: „Man muß . . .". – Ich entschloß mich daher, meine Erfahrungen niederzuschreiben und stellte mir vor, daß ich im Schreiben genauer und weniger mißverständlich sein könnte als im Sprechen.

Über solchen Bemühungen und entsprechenden Tagebuch-Tüfteleien verging der Sommer.

Eine Stimmung von Herbst und Ernte lag in der Luft. Wir träumten von einem Bauernhof oder wenigstens vom eigenen Garten, entdeckten und bestimmten Pilzsorten, von denen wir bisher nicht gewußt hatten, ob sie eßbar waren, holten die Milch beim Bauern, die Eier, Dahlien und Astern, fanden Stellen, wo reichlich reife Brombeeren waren, machten kleine Radtouren durch die Felder und erholten uns.

Es konnte jetzt vorkommen, daß Bodo verspätet kam und ich es gar nicht merkte, weil ich nicht auf die Uhr geschaut hatte. Oder es kam vor, daß ich mir wünschte, selbst mit einer Sache noch fertig zu werden, bevor er kam. Das Nebeneinander war nicht mehr so aufregend. Wir begannen, uns auf meinen Vorschlag hin bei Einkäufen öfter zu trennen, um schneller fertig zu werden. Als Bodo eine Münchenreise absagte, fand ich das etwas schade, weil ich mich auf die Ruhe und das Alleinsein in der Wohnung schon eingestellt hatte und es auch brauchte. Mir wurde bange. War mit der fortschreitenden Heilung von Eifersucht auch die Liebe verschwunden?

Ich entschloß mich, eine ruhige Stunde abzuwarten und teilte Bodo an einem Samstagmorgen beim Frühstück meine Sorge mit. Wir sprachen über dies und jenes. Daniel spürte, daß wir im Gespräch vertieft waren und nutzte die Gelegenheit, auf Entdeckung zu gehen.

„Bodo", bekannte ich, „ich habe Angst, daß meine Liebe nicht mehr so stark ist wie zur Zeit meiner blühenden Eifersucht. Ich spüre dich nicht mehr so intensiv, und unser Zusammensein macht mich nicht mehr so glücklich wie früher." – Zu meiner Überraschung war Bodo nicht erschrocken, kein bißchen. Es schien ihn nicht zu stören, was ich da berichtete. „Erschrickt es dich nicht, was ich da sage?" – „Nein." – „So."

Alles war auf einmal so still. Plötzlich vermißten wir Daniel und fanden ihn im Wohnzimmer vor dem Schrank, in dem die Süßigkeiten aufbewahrt wurden. Er hatte die Tür mit dem Schlüssel öffnen können und war gerade dabei, Schokolade samt Papier zu verzehren. Mit einem Luftballon ließ er sich auf andere Gedanken bringen.

Auf mein Thema zurückkommend, war ich schon wieder fast nahe daran, mich aufzuregen, weil Bodo nicht erschrak und auch nichts sagte. Da kam freundlich und präzise: „Weißt du, manchmal habe ich mich gefühlt, als wäre ich eine Droge für dich." Bodo umklammerte meine Handgelenke: „Siehst du, so hast du es bei mir gemacht. Ich hatte die Hände nicht frei, um dir etwas geben zu können. Du hast sie mir festgehalten." – Jetzt wurde ich nachdenklich und stumm.

Bilder tauchten auf aus unserer Vergangenheit, überflüssige, belastende Szenen. Mir tat
das so leid, daß meine Augen feucht wurden.
„Vergib mir bitte." – „Ist schon geschehen,
Frau." Bodo umarmte mich und prophezeihte
zuversichtlich: „Wir werden noch viel miteinander erleben. Das meiste davon wird gut sein."

Wir schauten nach Daniel. Er saß inzwischen
vor meiner Handtasche, hatte einen Kugel-
schreiber gefunden und auseinandergeschraubt
und hantierte gerade mit der kleinen Spirale.
Dabei machte er ein Gesicht wie ein Ingenieur
bei einer äußerst komplizierten Arbeit, so daß
wir nicht wagten, ihn zu stören.

***

Ganz ausgestanden war das Thema Eifersucht
drei Jahre nach Beginn. Ich erinnere mich, daß
ich Bodo eines Tages mitteilte: „Die Eifersucht
ist von mir gewichen. Ich kann gar nicht mehr
eifersüchtig sein." – Kein Schmerz mehr, kein
Aufhetzgeflüster in meinen Gedanken, kein
Drang und Zwang mehr, mich zu empören, zu
fordern, inquisitorische Fragen zu stellen. Der
Quälgeist hatte mich verlassen.

Fünf Jahre danach war er wieder da. Ich
hielt mich an das, was ich zuvor erkannt hatte,
und wurde – diesmal auf einer tieferen Ebene
– ebenfalls wieder frei.

Ansonsten ist Ehe (auch ohne Eifersucht, denke ich) immer ein Trainingsfeld, sich im Vergeben zu üben. Man muß ja nicht nur vergeben, was der Partner einem angetan hat, sondern unter Umständen auch, daß er seinerseits nicht vergibt, was man ihm gar nicht getan hat.

Statt des sorgenvollen Kontrollierens (Wann kommst du wieder? Wie lange wird es dauern? Ruf auf jeden Fall bitte an! Muß es denn überhaupt sein, daß du so lange fort bist?) frage ich heute einfach: „Ich möchte mich gern auf den Abend einstellen. Wie wird der Abend aussehen?" Eine solche Gelassenheit ist für mich Gott sei Dank selbstverständlich geworden.

Die absolute Verläßlichkeit der Liebesbeziehung, die ich von Bodo gefordert hatte, erwarte ich heute von Gott. Die Vergötterung eines Menschen hat aufgehört. Eine Ernüchterung war nötig, eine Entzauberung der Beziehung, um miteinander auf ehrlichen, realistischen Boden zu kommen. Vollkornbrot statt Kuchen, was ja – anfangs glaubt man es nicht – auf die Dauer nicht nur gesünder, sondern auch schmackhafter ist.

Die Themen Stolz und Vergebung haben mich bis heute beschäftigt. Auch gab es noch eine erneute Krise ganz anderer Art, die dann den Hebel noch einmal tief ansetzte an Selbstüberschätzung, Selbstgerechtigkeit, Dominanz und Rebellion. Gott war in diesen Prüfungszeiten unbestechlich, aber nicht unerbittlich. Mein Vertrauen zu ihm wurde immer stabiler*.

Die Krisen haben dafür gesorgt, daß ich gemeinschaftsfähiger, liebes- und erlebnisfähiger wurde. Sie waren Gnade für mein Leben.

Die seelische Balance

Was könnte ich einem Eifersüchtigen sagen, wenn er mich fragte? Das müßte ich ihm aus meiner Erfahrung wohl sagen: Der Eifer des Geliebten, nach dem du süchtig bist, ist etwas, was du zu deinem Glück gar nicht brauchst. Verzichte darauf, je eher und vollständiger, umso besser. Andernfalls wirst du immer bedürftiger. Du wirst also nicht, wie du glaubst, bedürftig, wenn du verzichtest, sondern es ist genau umgekehrt. Du wirst bedürftig und immer bedürftiger, wenn du nicht verzichtest. Dann kommt, was du so fürchtest, dieser unerträgliche Mangel, dieses Gefühl des Verlustes deines Wertes und deiner Mitte bis zum Durchdrehen.

Durch meine Eifersuchtserfahrung weiß ich jetzt, daß man in schreckliche Zustände fallen kann. Vor dieser Erfahrung dachte ich, es gäbe schreckliche Menschen. Jetzt sehe ich das an-

---

*ausführlich in: *H. Baar, Die Namen meiner Feinde, Rottendorf 1999*[4] ders. Ich sehe die Menschen in schrecklichen Zuständen. Eifersucht ist ein Zustand mit eigener vergifteter Wahrnehmung, eigenem vergiftetem Denken, Fühlen und Handeln. Eifersucht wollte durch mich zum Zuge kommen und hielt mich in Schach mit dem, was ich am meisten fürchtete: Von meinem Mann beiseite geschoben zu werden für jemand oder etwas anderes

Merkwürdigerweise war die Anfälligkeit für Eifersucht, die seelische Instabilität unmittelbar vor der Periode besonders groß. Es spielten also auch monatszyklische und hormonelle Gegebenheiten eine Rolle.

Von Einfluß war auch, wie beschäftigt ich war. Nach spannenden Aktivitäten, nach sorgfältiger, konzentrierter beruflicher Arbeit, überhaupt immer, wenn ich gefordert war, ging es mir besser.

Schwach wurde ich vor allem durch Reklamationen an Bodos Verhalten, also immer, wenn ich in irgendeiner Weise der Eifersucht nachgab und doch nichts erreichte. Dieses Nachfassen, dieses gierige Greifen, ohne daß man bekommt, was man so unbedingt haben will, scheint ganz besonders zu schwächen. Das Fordern kann dann bis zum Irrsinn eskalieren. Die sicherste Art verrückt zu werden, ist die, nicht auf das zu verzichten, was man doch nicht bekommt.

Auch andere Faktoren hatten Einfluß. So gehört zu einem Eifersüchtigen in der Regel ein Partner, der die Eifersucht herausfordert, weil er in seiner Liebeszuwendung wechselhaft ist. Der Partner, wenn er Eifersucht nicht begünstigen, sondern ihr entgegenwirken will, sollte wissen, daß nicht das *Maß* seiner Zuwendung, sondern die *Konstanz* (die Treue darin) entscheidet, ob sich der Eifersüchtige beruhigt. – Bodo hat nur einmal gewechselt, von voller zu reduzierter Zuwendung. Darin blieb er dann gottlob ziemlich konstant. Auf tränenunterlegtes Klagen hat er nicht mit Mitleid reagiert, auch dann nicht, wenn ich zulegte, sondern mit Wut. Ich bekam also auf die Weise, die ich gern bevorzugt hätte, nicht das Gewünschte, absolut nicht. Das war eine große Hilfe, damit aufzuhören und mich (vor Gott) anders zu orientieren.

Wenn Bodo sich mir zuwandte, nur mir, konnte ich mich beruhigen, konnte wieder allein sein, arbeiten, froh und normal werden. *Wo unser Schatz ist, ist auch unser Herz.* Wurde diese Zuwendung unterbrochen, real oder vermeintlich, dann war mein Schatz weg und mit ihm mein Herz, meine Mitte. Das ist ein unerträgliches Gefühl. Ohne Mitte kann man nicht leben. Ich war genaugenommen hinter meiner Mitte her, nicht hinter Bodo, und bekam den Suchtcharakter der Eifersucht zu spüren. Der Süchtige ist gierig nach seinem Suchtmittel: der Morphinist nach Morphium, der Eifersüchtige nach der Aufmerksamkeit (dem Eifer) des Geliebten, der Alkoholiker nach Alkohol.

Aber an dieser Sicht stimmt etwas nicht. Der Morphinist, der Eifersüchtige, der Alkoholiker wollen nur eins: wieder in die seelische Balance kommen. Bevor sie das nicht sind, können sie nichts anderes wollen als ihr Mittel, nachdem sie gierig suchen und verlangen. Sobald und so lange sie es ausreichend haben, sind sie dann normal.

Der Süchtige ist also verständlicherweise voll höchster Gier nach dem Mittel, das ihn wieder normal macht, handlungsfähig, ausbalanciert. Wer will ihm das verdenken! Es ist schnell geschehen, daß uns etwas entzogen wird, daß wir einen Verlust erleben und aus dem Gleichgewicht geraten. Und dann auf eine engstirnige, verrückte Weise nur das eine suchen, das eine verlangen, das, was uns wieder ins Gleichgewicht bringt: einen bestimmten Menschen, die Heimat, eine Position, das Gelingen einer Aufgabe, eine ganz bestimmte Konstellation von Umständen.

Der in diesem Sinne von einem Suchtmittel Abhängige müßte begreifen, daß es das Gleichgewicht ist, hinter dem er so her ist, nicht das Morphium, nicht ein bestimmter Mensch, nicht der Alkohol und so weiter, das Gleichgewicht und die innere Freiheit. Das zu verstehen hilft, vernünftig zu sein, die Ungeeignetheit der bisherigen Mittel zu erkennen und nach geeigneteren auszuschauen, um dann schrittweise den Ausweg zu betreten, den es immer gibt.

Anhang

Hilfen in der Krise

Wenn es mir schlecht ging, das heißt, wenn der Komplex aus Verzweiflung, Selbstmitleid, Übelnehmen, Resignieren und so weiter in mir ansprang, über den ich nicht in eigener Kraft Herr werden konnte, dann half es:

● Mich selbst zu fühlen, alles in mir zuzulassen und wahrzunehmen und mich damit in Gottes Gegenwart zu begeben, mich ihm hinzuhalten im Bewußtsein, daß Gottes Geist ein Geist der klärenden Ordnung ist über jedem wüsten Tohuwabohu, ein Geist der Heilung, der Wahrheit, der Liebe. Die Bibel nennt das: „Harren auf den Herrn". Es gab jedes Mal Hilfe. Und eigentlich gab es die Hilfe nur so.

● Bei negativen Stimmungen herauszufinden, was ich eigentlich denke, fühle, vor Augen habe, glaube. Jeder negativen Stimmung liegt ja ein bestimmter Glaube zugrunde, eine bestimmte quälende Sichtweise, kaum bewußt und oft unzutreffend, aber nicht so ohne weiteres korrigierbar. Es half mir, wenn ich versuchte, solche Gedankengänge und Vorstellungen inhaltlich zu verstehen, anzuschauen und in Worte zu bringen, die Worte vielleicht auch im Tagebuch niederzuschreiben. Wenn ich das wagte, spürte ich, daß die Wahrheit –

zwar viel leiser und unaufdringlicher – ebenfalls in mir war, so daß ich sie dagegensetzen konnte. (Ich möchte anmerken, daß mir das von einem bestimmten Zeitpunkt an Spaß gemacht hat, wenngleich es natürlich Kampf bedeutete, harten, geistlichen Kampf.)

● Mich mit starken Affekten regelrecht gehen zu lassen (am liebsten im Tagebuch). Die Verletztheit und der Vorwurf kamen dann zu Tage, auch gegen wen sie sich eigentlich richteten.

● Die kategorische Feststellung im Galaterbrief ernstzunehmen (Gal 5, 20-21): „Der Eifersüchtige wird das Himmelreich nicht erben".

● Den Unterschied zwischen Selbstanklage und Reue zu verstehen.

● Sünde auch dann vor Gott als Sünde zu bekennen), wenn sie vorwiegend unwillkürlich war wie Selbstmitleid, Nichtverzeihen, Sorge, Hoffnungslosigkeit, Resignation, Verzweiflung, Trotz, Angst, Niedergeschlagenheit, Rachegelüste, Unglauben, Selbstherrlichkeit.

● Dann die Sünde *erstens* namentlich zu identifizieren und *zweitens* zuzugeben, daß ich mich nicht selbst davon erlösen konnte.

● Kapitelweise in der Bibel zu lesen und dabei Gottes Reden in meine Situation hinein zu erwarten und ernst zu nehmen.

● Gehorsamsschritte (kleine, unscheinbare oft) auf einen Weg hinaus zu tun, der mir Angst machte. Gott kam mir auf meine kleinen Schritte hin mit großen entgegen. Denn wenn wir uns ihm nahen, so naht er sich uns (Jakobus 4,8). Jeder kleinste Gehorsamsschritt in den Bereichen, die mir so schwer fielen, hatte eine Horizonterweiterung zur Folge. Er zog mich aus der Enge der Angst auf weiten Raum. Bewußtheit und Erkenntnis waren eine Folge dieses Gehorsams (und nicht umgekehrt).

● Auch in den dunkelsten Minuten, wenn ich gar nicht beten konnte, mit der ganzen Verschlossenheit, mit Wut und Haß, Verzweiflung, ja, vielleicht sogar mit Aggression gegenüber Gott, mich doch ihm hinzuhalten, ihm den Groll zuzumuten, der in meinem Herzen steckt, wenn es sich gedemütigt fühlt oder frustriert wird. Gerade das im Gebet direkt auszudrücken, es zu bekennen und nicht fromm zu übergehen.

● Die Beziehungen aus der Kindheit (zu Eltern, Geschwistern, Lehrern etc.) zu bereinigen, also ihnen – je nachdem – zu vergeben oder sie um Vergebung zu bitten.

● Für die Verletzungen aus der Kindheit um Heilung zu beten. Oft war es hilfreich, an den Erinnerungen entlang zurückzugehen zu den verletzenden Situationen und Jesus hineinzubitten in diese Erinnerung, seine Anwesenheit in der damaligen Situation wahrzunehmen und ihm (mit den Gefühlen von damals) zu sagen, wie es mir geht, vielleicht zu weinen, ihn zu fragen, wie ich das Problem lösen, bewältigen, verkraften soll – und dann auch darauf zu hören, was er mir antwortet, auch auf seinen Trost.

● Zu verstehen, daß Gott mir viel mehr schenken will als nur die Veränderung meiner Umstände, zu wissen, daß Gott in unsere Krisen hineinfragt: „Bestimmte Umstände quälen dich. Du möchtest, daß ich sie ändere. Soll ich nicht lieber dich ändern? Willst du mir glauben, daß ich dich ändern, heilen und befreien kann? Sonst bleibst du doch jagbar, erpreßbar, bedrohbar von dem, was du so fürchtest!" (Und weil ich seine Liebe spürte, wagte ich zu sagen: „Ja, Herr, ändere nicht die Umstände, bevor sie nicht ihren Dienst an mir getan haben!")

● Gut aufzupassen, daß ich nicht in erster Linie die Hilfe von meiner eigenen Anstrengung erwarte, und nicht zu denken: Erst, wenn ich so

und so viel geleistet habe, ist Gott mir gnädig. Nein: Weil Gott alles für mich bereits getan hat, gehe ich mit, wie er mich führt, so gut ich es verstehe, immer wieder aufs Neue.

● Grundsätzlich und immer, sozusagen als Fundament für alles andere, an die Macht der Erlösung zu glauben, die Jesus am Kreuz für uns erwirkt hat und dafür dankbar zu sein.

Was kann die Psychotherapie?
Nachwort von Karl Herbert Mandel

Die Psychotherapie hat hinzugelernt. Sigmund Freud mußte sich am Ende seines Lebens sagen, daß die Psychoanalyse zwar seelische Zusammenhänge erforschen, aber kaum heilend wirken könne. Das war vor einem halben Jahrhundert. Inzwischen hat man neue Methoden entwickelt. Die Verhaltenstherapie vor allem hat in zahlreichen klinischen Untersuchungen nachgewiesen, daß sie bei Ängsten und seelisch bedingten Depressionen, bei psychosomatischen Erkrankungen und Sexualstörungen helfen kann. Sie lehrt ihre Patienten, den Körper zu entspannen und das vegetative Nervensystem zu beruhigen. Sie leitet ihn an, Gedanken, Vorstellungen und Phantasien bewußt zu machen und so zu beeinflussen, daß sich Körperempfindungen und Affekte, Gefühle und Stimmungen heilsam verändern. Auf dieser Grundlage übt sie mit ihm ein, mit sich selbst und anderen – im familiären wie beruflichen Leben – gesünder umzugehen.

Dieses Umlernen und Neulernen gelingt besonders gut, wenn der Therapeut einfühlsam und warmherzig ist. Wenn er also begegnungsfähig ist, lindert sich durch eine solche Arbeitsgemeinschaft auch der seelische Schmerz, unter dem manche Patienten seit frühester Kindheit zu leiden haben. Verhaltenstherapie und andere Behandlungsformen, beispielsweise die tiefenpsychologisch fundierte Kurztherapie, vermögen also erworbene neurotische Hemmungen, die einer gesunden Lebensbewältigung im Wege stehen, sehr oft zu mildern, manchmal sogar zu beseitigen.

Ungleich schlechter steht es mit den schweren Zwängen und Süchten. Hier sind die Ergebnisse der verschiedenen psychotherapeutischen Behandlungsmethoden sehr dürftig. Wie man weiß, leiden aber gerade diese Kranken und ihre Familien besonders schlimm. Auffallenderweise erweist sich hier ein Weg als heilend, der die Dimension des Glaubens ausdrücklich einbezieht. Wir sehen dies in den Selbsthilfegruppen der Alkoholiker und bei der Therapie drogenabhängiger Jugendlicher in der Teen Challenge-Bewegung.

Nun findet sich aber am Grund der menschlichen Seele eine Krankheit, die zeitlebens Unglück stiftet. Ellenbogenmenschen tragen sie gegen die anderen aus. Bei Schwachen frißt sie nach innen. Kindheitserlebnisse können diese Krankheit verschärfen. Aber sie steckt auch dann in uns, wenn unser Lebensweg bisher recht unbeschwert gewesen ist. Sie erzeugt das Unglück und die Kriege, die sich Menschen gegenseitig bereiten. Die Bibel nennt sie die Erbsünde: Denn sie wollten sein wie Gott. – Wenn wir unsere Armseligkeit, unsere Minderwertigkeit vor Gott und gegenüber unseren Mitmenschen erkennen, fühlen wir uns gekränkt, narzißtisch gekränkt. Manche empfinden dies so unerträglich, daß sie andere oder sich selbst umbringen. In einem Handstreich oder auf Raten.

Die Tiefenpsychologie hat diese Grundstörung der menschlichen Psyche beschrieben, aber weithin zu oberflächlich angegangen. Aus ihrer eigenen Gottesferne heraus vermag die heutige Psychotherapie nicht, den Menschen in der Verhärtung seines Herzens aufzuschließen. Dabei könnte der Psychotherapeut sehr wohl zum Helfer werden, würde er in seinem eigenen Innern Gott anerkennen, würde er seine eigene Erlösungsbedürftigkeit demütig eingestehen und seinen Patienten bekennen, ihnen Einblicke in sein eigenes Ringen geben.

Die Psychotherapie könnte heutzutage schon erkannt haben, daß sie letztlich ohnmächtig ist gegenüber den zerstörerischen Regungen wie Neid, Eifersucht, Hochmut, Habsucht, Schadenfreude, Geltungssucht, die immer wieder aus unserem Innersten drohen, daß sie diese nicht auflösen, ja, daß sie nur zerbrechliche Notdämme dagegen errichten kann. Daß sie in diesem Tiefenbereich auf eine absolute Grenze ihres eigenen Könnens und Vermögens gestossen ist.

Ich kenne das Ehepaar Baar nicht persönlich, aber ich spüre beim Lesen dieses Textes: Eine gläubige Frau und Fachkollegin gibt hier ein bewegendes Zeugnis. Mit einer Offenheit, die betroffen macht, schildert sie uns ihre Erfahrungen auf einem uralten Pfad, der heute weithin verfallen und vergessen ist, verweht vom Wüstensand zeitgenössischer Geistesverwirrung. Sie erkennt, wie sie von Gefühlen beherrscht wird, die leiden machen und Leiden bereiten. Und nun verhält sie sich diesen Regungen gegenüber auf eine heilbringende Weise. Wissend geworden versucht sie gar nicht erst länger, mit den profanen Psychotherapietechniken den kranken Gefühlsknoten aufzulösen, der in uns allen wuchert. Sie bringt den Mut auf, den Befund klar zu erkennen und beim Namen zu nennen. Sie bringt die Demut auf, sich als heilungsbedürftig zu bekennen. Und sie entscheidet sich in immer neuen Anläufen, ihr krankes Gefühl, ja sich selbst von Gott wandeln und die eigene Selbstherrlichkeit fahren zu lassen. Sie übt beharrlich, auf die leise innere Stimme zu hören. Und sie erlebt auf diesem mühsamen Weg, wie ihr allmählich – Hand in Hand – der innere und der äußere Frieden geschenkt werden, wie sie in ihrer Ehe etwas geschenkt bekommt, was kein Mensch aus eigener Kraft machen kann.

Unsere Zeit, ja selbst die Psychologie und Seelsorge in weiten Bereichen, haben den Umgang mit der Seele verlernt. Hier aber wird beispielhaft eine Christo-Therapie veranschaulicht, die durch Veränderung des inneren Verhaltens ermöglicht wird, durch das innerliche Tun, sich wandeln, sich verändern zu lassen, am Besitztum der Kränkung nicht mehr festzuhalten.

Jeder, der sich in seiner Seelennot so konkret für das Wagnis des Glaubens entscheidet, darf hoffen, durch solche Erfahrungen selbst reicher zu werden.

Nachbemerkung zur fünften Auflage

Sechzehn Jahre nach der Erstveröffentlichung von „Quälgeist Eifersucht" im Herder-Verlag, Freiburg, stehe ich noch zu den Aussagen dieses Buches. Sie haben sich bestätigt und bewährt. Unausdenkbar, wo ich heute wäre, wenn ich den beschrittenen Weg nicht gefunden und mit großer Tüftler-Leidenschaft weiter erforscht hätte.

Hin und wieder werde ich gefragt: „Und wenn der Partner wirklich untreu ist, ist Eifersucht dann nicht ganz normal?" Meine Antwort lautet: Verständlich sicher, aber normal im Sinne von gesund ist Eifersucht nie. Ohne Eifersucht könnte ich in Freiheit *nein* sagen zu dem, was ich nicht will. Mit Eifersucht im Herzen aber ist mein Nein giftig, aufgebracht und inkonsequent. Eifersucht ist eine Spezialform des Neides. Deshalb ist meine Eifersucht auch dann *meine* Sünde, wenn der andere mehr sündigt. – Der Begriff Sünde allerdings ist für meinen Heilungsprozess nur hilfreich, wenn ich Reue nicht mehr mit Selbstanklage verwechsle.

Die Berliner Grafikerin Jana Herzberg hat ab der dritten Auflage die im Buch enthaltenen Skizzen zur Verfügung gestellt, die wie ich finde, sehr eindrucksvoll das von mir Erlebte und Beschriebene zusätzlich illustrieren. Herzlichen Dank an dieser Stelle dafür.

Würzburg, im Herbst 2002   Hanne Baar

Zur Person der Autorin:

Hanne Baar, Diplom-Psychologin,
wurde 1974 in einem Gottesdienst der Düsseldorfer Jesus People, den sie interessehalber besuchte, von Gottes Liebe so nachhaltig getroffen, daß es danach nichts mehr in ihrem Leben gab, was nicht neu zu überdenken gewesen wäre. Als jemand, der mit Psychotherapie langjährige Erfahrung hatte, faszinierte sie das Heilungswirken Gottes an denen, die ihn angenommen haben.

- 1968 Studienabschluß in Münster
- 1968 - 1973 Lehrtätigkeit in Fachschulen für Sozialpädagogik
- 1973 - 1980 Leitung einer psychologischen Beratungsstelle
  des Kreises Neuss
- 1976 - 1988 Leitung einer Teestube („Die Arche")
  in Meerbusch-Osterath (zusammen mit ihrem Mann)
- 1988 - 1990 Arbeit mit psychisch Kranken im Rahmen von Teen
  Challenge, Freiburg-Opfingen (zusammen mit ihrem Mann)
- 1987 - 1990 Zusatzausbildung zur Christlichen Therapeutin
  (IACP) bei IGNIS, Kitzingen

Hanne Baar

KIERKEGAARD FÜR VOLLJÄHRIGE

*Beiträge zu einer
christlichen Tiefen-
psychologie*

Hymnus-Verlag
Pb., 110 S. 10 EUR
ISBN 3-933959-01-2

Verzweiflung, eine Krankheit zum Tode? Nein, gerade
der tiefste Verzweiflungspunkt verbirgt den Zugang zu
einem von Verzweiflung befreiten Leben.

Hanne Baar (Hrsg.), Wolfhard Margies

GOTT MACHT DAS FINSTRE HELL

Essays zum Nachspüren

Hymnus-Verlag
Br., 11 x 18, 84 S.,
7,50 EUR
ISBN 3-933959-03-9

Inhalt: Erscheinungsweise des Dämonischen – Grund-
ursachen – Befreiung

Hanne Baar
DIE NAMEN MEINER FEINDE

Haltungssünden unter der psychologischen Lupe

Hymnus-Verlag
120 S, Tb, 7,50 EUR
ISBN 3-9803801-2-2

Viele Menschen fühlen sich heute unter Druck, manche permanent und in sich steigernder Weise. Sie sind geradezu druckallergisch. Alles wird ihnen zu eng: Kleider, Vorschriften, Termine, Erwartungen und Ansprüche anderer. Vor allem quält sie der Druck, der von den (wirklichen oder vermeintlichen) Bergen unerledigter Arbeit ausgeht. Das Ergebnis ist ein beständiges Gefühl von Überforderung, das alle Freude tötet.

In dem hier erzählten Zeugnis kommt nach und nach zum Vorschein, was bei diesem Geschehen das *eigentlich* Zerstörerische ist. Die Feinde zeigen ihr Gesicht und verraten ihre Namen.

„Die Psychotherapie von Hanne Baar zeigt für mich als Psychoanalytiker wie als Christ eine verblüffende Vereinfachung, die sich aus dem charismatischen Ansatz ergibt."
Prof. Dr. med. et phil. A. Görres, München

„Ich muss sagen, dass ich von diesem Innenweltkrimi begeistert bin. Ich habe ihn in einem Zug durchgelesen."
Dr. med. Wolfhard Margies, Berlin

Hanne Baar
WIE MAN WAHNSINNIG WERDEN KANN

Beiträge zu einer christ-lichen Tiefenpsychologie

Hymnus-Verlag
96 S, Pb, 34 Abb., 10 EUR
ISBN 3-9803801-5-7

Es gibt einen „Virus", der unsere Denkprogramme um-funktioniert und uns in den Wahnsinn zu treiben ver-sucht. Wer die eskalierenden Frustrationen einander ent-gegenstehender Ansprüche nicht bewusst zu verschmer-zen lernt, den zerreißt es im Laufe der Zeit. In diese Zerrissenheit hinein bietet sich (pseudoverbindend) der Wahnsinn an.

So gesehen ist der Wahnsinn nur die Spitze einer Ent-wicklung, in der wir alle mehr oder weniger stecken. Und damit ist das hier psychologisch wie geistlich ent-faltete Thema mit seinen Irrwegen und Auswegen von *allgemeinem* Interesse.

Indem der Weg in den Wahnsinn aufgezeigt wird, wird gleichzeitig der Ausweg sichtbar.

Hanne Baar
GOTT MACHT DAS KRUMME GERADE

Essays zum Nachspüren

Hymnus-Verlag
72 S, Tb, 7,50 EUR
ISBN 3-9803801-0-6

Inhalt: Wonach sich das Herz verrenkt – Entstehung negativer Haltungen – Das dominante Wesen – Leistungsorientiertheit und Glaube – Die Grenze zum Wahnsinn – Seelischer Schmerz und die Angst davor ...

Hanne Baar
GOTT MACHT DAS SCHWACHE STARK

Essays zum Nachspüren

Hymnus-Verlag
72 S, Tb, 7,50 EUR
ISBN 3-9803801-3-0

Inhalt.: Druck, Streß und *keine Zeit* – Zusammenspiel von Wille und Gewissen – Der lebendige Rhythmus gesunder Fähigkeiten – Liebessehnsucht und Bindungsangst

Hanne Baar
GOTT MACHT ALLES NEU

Essays zum Nachspüren

Hymnus-Verlag
72 S, Tb, 7,50 EUR
ISBN 3-9803801-4-9

Inhalt: Amazing grace – Das Übel nicht nehmen – Das Übel im Leib – Diagnose Krebs – Diagnose Schizophrenie – Verhängnisvolle Dreiecksbeziehungen – Gott kann rechnen – Das Keine-Zeit- Syndrom ...

Hanne Baar
GOTT MACHT KEINE FEHLER

Essays zum Nachspüren

Hymnus-Verlag
72 S, Tb, 7,50 EUR
ISBN 3-933959-02-0

Inhalt: Heilung am wunden Punkt – Verzweiflung, eine Krankeit zum Tode? – Zusammenhänge sehen oder konstruieren? – Angst vor Dämonen oder Vollmacht?...

Hanne Baar
GOTTESVERWECHSLUNG

Jana-Herzberg-Grafiken

Hymnus-Verlag
Pb., 120 S., davon 75 S.
Grafiken, 10 EUR
ISBN 3-9803801-9-X

„Bei falschen Gottesbildern ist die Umkehr in einer Tiefe nötig, bis zu der diese Bilder reichen."
Klaus-Dieter Passon, Düsseldorf, Pastor der Jesus-Haus-Gemeinde

Hanne Baar und Jana Herzberg
GOTTESBEGEGNUNG *am wunden Punkt*

Hymnus-Verlag
Pb., 120 S., davon 74 S.
Grafiken, 10 EUR
ISBN 3-933959-04-7

In 74 Zeichnungen, mit handschriftlichen Seufzern und Gebeten versehen, geht es konsequent um Entgiftung der Gefühls- und Vorstellungswelt. Kommentierende Texte sorgen für die seelsorgerliche Einbettung.